●学前融合教育丛书

蔡 蕾◎主编

学前儿童教育发展评量手册

XUEQIANERTONG

JIAOYUFAZHAN

PINGLIANGSHOUCE

河南大学出版社

图书在版编目(CIP)数据

学前儿童教育发展评量手册/蔡蕾主编.—郑州:河南大学出版社,2012.9
ISBN 978-7-5649-0854-6

Ⅰ.①学… Ⅱ.①蔡… Ⅲ.①学前儿童—儿童教育—教育评估—手册
Ⅳ.①G61-62

中国版本图书馆 CIP 数据核字(2012)第 172128 号

策　　划	谌洪波
责任编辑	刘利晓
责任校对	李　明
封面设计	郭　灿

出版发行	河南大学出版社
	地址:郑州市郑东新区商务外环中华大厦 2401 号
	邮编:450046
	电话:0371-86059712(高等教育出版分社)
	0371-86059715(营销部)
	网址:www.hupress.com
排　　版	郑州市今日文教印制有限公司
印　　刷	郑州海华印务有限公司
版　　次	2012 年 10 月第 1 版
印　　次	2012 年 10 月第 1 次印刷
开　　本	787mm×1092mm　1/16
印　　张	7.25
字　　数	168 千字
定　　价	18.50 元

(本书如有印装质量问题,请与河南大学出版社营销部联系调换)

个案编号_____

儿童姓名_____

性　　别_____

出生年月_____年____月____日

入园时间_____年____月____日

就读园所_____

次数＼项目	融合班组	评量人员	评量日期
第一次			
第二次			
第三次			
第四次			
第五次			
第六次			
第七次			

前　言

　　特殊需要儿童首先是儿童,他们处在发展过程中,他们的身心发展规律与普通儿童是一致的,他们的认知发展、人格发展也和普通儿童一样,遵循着由简到繁、由低级到高级、由不完善到完善的发展规律。

　　《学前儿童教育发展评量手册》是依据国家教育部《幼儿园教育指导纲要(试行)》及《3-6岁儿童学习与发展指南》中各年龄段幼儿发展的目标,汇集多方面的资料和实际经验编写而成的。评量后所得资料可用于设计适合该儿童的"个别化教育计划",以便为儿童设计"个别化融合教育计划"。

　　本手册可供幼儿园老师及家长评估时参考使用。我们将继续修订这本手册以使它更加科学完善。欢迎提供宝贵意见,以作日后修订的参考。建议与意见请发送至邮箱qisehuajx@126.com。

　　感谢郑州幼儿师范高等专科学校教育组的专家老师张希清、梅纳新,富有经验的中国人民解放军电子技术学院幼儿园园长邵云,水利部黄河水利委员会幼儿园教学主任刘红,他们在繁忙的工作中给予意见,使本手册更加完善。

　　感谢奇色花福利幼儿园的评估老师和试验班老师的一线操作、记录、分析并给予意见,使本手册更易于操作使用。

　　期待社会各界随时来函指正。

奇色花福利幼儿园

蔡　蕾

目 录

上 篇

评量手册简介及使用说明 ………………………………………………………… 1
领域一　健康（H） ……………………………………………………………… 3
领域二　语言（L） …………………………………………………………… 11
领域三　社会（S） …………………………………………………………… 16
领域四　科学（SC1） ………………………………………………………… 20
　　　　科学（SC2） ………………………………………………………… 23
领域五　艺术（A1） ………………………………………………………… 33
　　　　艺术（A2） ………………………………………………………… 38

下 篇

学前儿童教育发展评量计分表 ………………………………………………… 43
综合发展曲线图表使用说明 …………………………………………………… 44
综合发展曲线图表 ……………………………………………………………… 45
发展分类曲线图表使用说明 …………………………………………………… 46
　第一次评量 …………………………………………………………………… 48
　第二次评量 …………………………………………………………………… 55
　第三次评量 …………………………………………………………………… 62
　第四次评量 …………………………………………………………………… 69

第五次评量	76
第六次评量	83
第七次评量	90

附录 ……………………………………………………………………… 97

上篇

评量手册简介及使用说明

简介

评量手册内容包括以下5大领域。

1. 健康领域

健康领域包括日常健康行为、饮食营养、身体生长、安全生活、心理健康、体育锻炼6个方面。

2. 语言领域

语言领域包括倾听行为、表述行为、文学欣赏、早期阅读及读写萌发4个方面。

3. 社会领域

社会领域包括自我意识、人际交往、社会文化、社会环境、行为规范5个方面。

4. 科学领域

科学领域包括科学和数学两个副领域。科学包括知识、方法技能、情感3个方面；数学包括感知集合、10以内数的概念、10以内数的加减运算、量的比较及自然测量、认识几何形体、空间、时间、情感态度和方法技能8个方面。

5. 艺术领域

艺术领域分为美术和音乐两个副领域。美术包括美术欣赏、绘画活动、手工3个方面；音乐包括歌唱活动、韵律活动、音乐欣赏活动、音乐游戏活动、乐器演奏活动5个方面。

每个领域内的评量项目，均按发展先后次序编排于3~4岁，4~5岁，5~6岁3个年龄阶段之中。本评量手册完整收纳了3~6岁儿童的重要发展项目。

评量表旁边的记分栏，用于记录儿童在每次评估时的表现。记分栏共分为7列，可供7次评估使用。入园时及每学期末均对儿童进行1次评估，儿童3年内的进展就可以被清楚详尽地记录下来。

每次评估的结果均会以图标形式转录于综合发展曲线图表，使儿童的进度一目了然，曲线图表分7次使用，儿童每次的成绩、发展中技能、最高技能等均被详细记录。

使用说明

1. 初次评估

初次评估主要是掌握儿童入园时的全面能力，应于儿童入园后第3周和第4周内完成。原则上都从3岁的项目开始评估，到其实际年龄为止。

假设儿童的某领域能力低于3岁水平，视情况用《早期教育及训练课程》（出生至3岁）、《儿童训练指南》等量表评估该项能力。

2. 再次评估

评估应该在每学期末再进行一次。再次评估时,可不必从 3 岁开始,而只需从上一次评估时儿童在该范围内所达到的最高连续水平前 10 个项目开始复测,一直到实际年龄为止。

3. 评分方法

评估表中大部分项目均通过观察或访谈计分,有些需要直接测试计分。上述部分完成及未能完成的项目,均为儿童发展中或有待发展的技能,是编订"个别化教育计划"的基础。

4. 记分标准

所得分值	0 分	1 分	2 分	3 分	4 分
实际表现	很差或几乎都做不到	有待加强或偶尔做得到	表现平平或少数时间做得到	较好或大多数时间做得到	很好或经常做到

领域一　健康(H)

代　号	评量项目	评量等级						
		第一次	第二次	第三次	第四次	第五次	第六次	第七次
日常健康行为 H1								
小班(3~4岁)								
H1-1	知道饭前便后要洗手							
H1-2	初步掌握洗手、刷牙的基本方法							
H1-2-1	自行洗手及擦手							
H1-2-2	刷牙时懂得吐漱口水							
H1-3	自行穿脱衣服							
H1-3-1	会穿外衫							
H1-3-2	会穿长裤							
H1-3-3	会扣上按扣/子母扣							
H1-3-4	自行穿上一般衣物							
H1-3-5	自行脱掉一般衣物							
H1-4	经提醒会使用手帕或纸巾							
H1-5	区分"清洁"和"脏"							
H1-6	能说出如厕的需要							
H1-7	知道自己的性别,会按标示如厕							
中班(4~5岁)								
H1-8	会用正确的方法洗手							
H1-9	在口头提示下会刷牙							
H1-10	有良好的穿脱、整理衣服的习惯							
H1-10-1	会穿内衣							
H1-10-2	脱下T恤并叠放整齐							
H1-10-3	穿T恤							
H1-10-4	解开4粒小纽扣							
H1-10-5	扣上4粒小纽扣							
H1-11	主动使用手帕或纸巾							

续表

H1-12	有正确的坐、站、行、睡的姿势							
H1-13	能按时排便							
H1-14	会整理活动用具,保持玩具清洁							
H1-15	在成人的提醒下能按时休息							
大班(5~6岁)								
H1-16	主动用正确的方法洗手、刷牙							
H1-16-1	不需提示自行用牙膏刷牙							
H1-16-2	不需提示用肥皂洗手							
H1-17	正确使用手帕或纸巾							
H1-18	主动整理活动用具,保持玩具清洁							
H1-19	保持个人卫生,并能维护周围环境卫生							

饮食营养 H2

小班(3~4岁)								
H2-1	进餐时保持愉快的情绪,愿意独立进餐							
H2-2	愿意饮用白开水,不贪喝饮料							
H2-3	爱吃大部分食物,喜欢吃瓜果、蔬菜等新鲜食品							
中班(4~5岁)								
H2-4	能独立愉快地进餐							
H2-5	不偏食、挑食,不暴饮暴食							
H2-6	常喝白开水,少吃零食、冷饮							
H2-7	能按时进餐,保持清洁							
大班(5~6岁)								
H2-8	主动饮用白开水,不喝饮料							
H2-9	进餐习惯良好							

身体生长 H3

小班(3~4岁)								
H3-1	了解身体的外形结构							
H3-2	知道五官的名称,不用脏手揉眼睛,连续看电视不超过15分钟							
H3-3	在成人的要求下配合疾病预防与治疗							

续表

		中班(4~5岁)						
H3-4	认识并主动保护五官,知道其基本功能							
H3-5	知道换牙、护牙知识							
H3-6	不在过强或过暗的地方看书,连续看电视不超过20分钟							
H3-7	愿意配合疾病预防和治疗							
		大班(5~6岁)						
H3-8	认识身体的主要器官、功能及保护方法							
H3-9	基本掌握换牙、护牙知识							
H3-10	生活中能注意用眼卫生,连续看电视不超过30分钟							
H3-11	主动积极配合疾病预防及治疗							

安全生活 H4

		小班(3~4岁)						
H4-1	不挖鼻孔,不往鼻孔和耳朵里塞东西							
H4-2	不吞咽扣子、硬币等小玩具							
H4-3	不要陌生人给的东西,不跟陌生人走							
H4-4	不用手抠或揉眼睛							
H4-5	建立初步的户外活动规则							
H4-6	不动危险的用品(火、电源、煤气灶、开水壶等)							
H4-7	会有次序地上下楼,不推、不挤、不蹦							
H4-8	会看信号灯过马路							
H4-9	在公共场所走失时,能向警察或有关人员说出自己的名字、家长的名字或电话号码							
		中班(4~5岁)						
H4-10	认识交通安全标志(行人红绿灯、斑马线、天桥、地下道、小心儿童、红绿灯、禁止车辆通行、有栏杆的铁路平交道)							
H4-11	不在马路上玩耍,知道注意安全							
H4-12	知道简单的求助方法							
H4-13	在公共场合不远离成人的视线单独活动							
H4-14	走散了知道向警察叔叔求救							
H4-15	陌生人敲门知道该怎么应对							

续表

H4-16	了解乘坐电梯的安全知识						
	大班(5~6岁)						
H4-17	会安全地玩大型运动器械						
H4-18	认识常见安全标志(禁止烟火、当心触电、当心中毒)						
H4-19	知道怎样乘车安全,初步形成自我保护意识						
H4-20	会安全地使用一些劳动工具和生活用具,如小铲子、水果刀、剪刀等						
H4-21	知道在什么时候拨打119、120、110						
H4-22	参加预防火灾演习,会寻找安全地带						
H4-23	知道如何预防生活中可能出现的危险						
心理健康 H5							
	小班(3~4岁)						
H5-1	情绪比较稳定,很少因一点小事哭闹不止						
H5-2	不高兴时能听从成人的哄劝,较快地平静下来						
	中班(4~5岁)						
H5-3	在幼儿园能与同伴友好相处						
H5-4	需要不能被满足时能接受解释,不乱发脾气						
H5-5	能适当表达自己的心理需求						
H5-6	不怕困难,愿意克服困难						
	大班(5~6岁)						
H5-7	敢于克服困难,能体验克服困难、取得成功的喜悦						
体育锻炼 H6							
	小班(3~4岁)						
H6-1	喜欢并愿意参加体育活动						
H6-2	会匍匐爬						
H6-3	会膝着垫爬						
H6-4	会手脚着垫爬						
H6-5	能姿势正确、自然协调地走						
H6-6	会在空地上四散走						
H6-7	会一个跟着一个走成圆形						
H6-8	听指令按不同路线走						

续表

编号	内容						
H6-9	能在直线和曲线上走						
H6-10	单脚踩高跷在平地上走						
H6-11	能保持平衡在20cm宽的平行线间走						
H6-12	能在较矮的平衡凳上走(20cm宽、离地10cm高)						
H6-13	双脚交替上下楼梯						
H6-14	听口令和信号做出相应的动作(立正、稍息、向前看齐)						
H6-15	能自然地跑,掌握跑的正确姿势						
H6-16	向前跑,自行控制开始及停止						
H6-17	跑时能避开障碍物						
H6-18	双脚轮流跨过15cm高的绳						
H6-19	能从高处往下跳(25~30 cm)并双脚落地						
H6-20	双脚原地跳						
H6-21	单脚站立3秒						
H6-22	双脚向前跳20cm						
H6-23	双脚向前跳行进						
H6-24	会滚接球						
H6-25	会自由踢球						
H6-26	向上抛接大、小沙包						
H6-27	向上抛接大、小皮球						
H6-28	能听信号跟着教师做模仿操						
H6-29	钻过65~70cm高的障碍物(绳子、皮筋、拱形门)						
H6-30	会骑小三轮车并转弯避开障碍物						
H6-31	能合作收拾小型体育器械						
中班(4~5岁)							
H6-32	能主动参加体育活动						
H6-33	练习手脚着地侧身爬行						
H6-34	听信号变速走						
H6-35	听信号侧身走						
H6-36	听信号分队走						
H6-37	会走跑交替,跑步姿势正确(长约200cm)						
H6-38	能与他人玩追逐、躲闪跑的游戏						

续表

H6-39	会变速跑						
H6-40	听信号一路纵队跑						
H6-41	原地纵跳触物(物体离幼儿举起手臂时的指尖20cm左右)						
H6-42	从较高物体上轻轻跳下(50cm)						
H6-43	双脚在直线两侧行进跳						
H6-44	立定跳远30cm						
H6-45	脚跟对脚尖行直线(长2m,宽25cm)						
H6-46	用脚尖向前行3m						
H6-47	闭目向前行走(不少于10步)						
H6-48	单脚行进跳(5步)						
H6-49	在布袋内行进跳						
H6-50	助跑跨跳平行线(跳距不少于40cm)						
H6-51	跑向球,将球踢走						
H6-52	双手接从1m远弹来的球(直径15cm)						
H6-53	自抛自接球						
H6-54	两人相互抛接球(距离2m)						
H6-55	单手连续运球,掌握正确方法						
H6-56	左右手轮流运球						
H6-57	单手连续拍球(不低于50下)						
H6-58	钻过60cm高的障碍物(圈形、拱形门)						
H6-59	双脚踩高跷在平地上走						
H6-60	双脚踩高跷绕障碍走						
H6-61	双脚踩高跷跨过障碍物						
H6-62	会骑带辅轮的小自行车						
H6-63	会骑滑板车						
H6-64	持物走过平衡木(离地10cm,宽10cm)						
H6-65	原地自转3圈不跌倒						
H6-66	自行上下攀登架						
H6-67	会曲线滚轮胎及跨轮胎接力游戏						
H6-68	肩上挥臂投掷小沙包、纸镖						
H6-69	能按节拍比较正确地做轻器械操						

续表

编号	内容							
H6-70	在运动中,会用毛巾随时擦汗							
H6-71	能及时收拾和整理小型器械							
大班(5~6岁)								
H6-72	能积极地参加体育活动							
H6-73	听音乐,动作正确合拍地做徒手操							
H6-74	听音乐,动作正确合拍地做轻器械操							
H6-75	听口令向左(右)转							
H6-76	排队走步时能较好地保持队形,节奏一致							
H6-77	一对一对整齐地走							
H6-78	听口令左右分队走							
H6-79	听口令切段分队走							
H6-80	听信号变速跑							
H6-81	听信号改变方向走、跑、快跑							
H6-82	会快跑30米接力							
H6-83	能绕障碍快跑							
H6-84	双脚向不同方向变换跳(前、后、左、右、转身)							
H6-85	从高处向下自然跳落,落地轻稳(高35~40cm)							
H6-86	立定跳远(跳距约40cm)							
H6-87	两脚行进跳和单脚行进跳(8m左右)							
H6-88	双脚交替跳							
H6-89	能助跑跨跳平行线(跳距不少于50cm)							
H6-90	能助跑跳远(跳距不少于40cm)							
H6-91	能助跑屈膝跳远40cm的垂直障碍物							
H6-92	能助跑屈膝依次跳过多个高40cm、宽15cm的障碍物							
H6-93	手持物体赶球跑							
H6-94	高低运球							
H6-95	左右手交替运球							
H6-96	行进间运球							
H6-97	边走边运球并绕过障碍							
H6-98	双脚夹球并用球击中目标							
H6-99	在平衡木、平衡台上运球、抛接球							

续表

编号	内容						
H6-100	能熟练协调地侧身或缩身钻过高50cm的障碍物						
H6-101	全身协调地从高30cm左右的绳下爬过						
H6-102	一只脚踩在滑板车上,另一只脚蹬地前进						
H6-103	会向前溜冰,并会自己停止						
H6-104	单脚站立不少于5秒钟						
H6-105	能两臂侧平举,闭眼起踵自转至少5圈不跌倒						
H6-106	闭眼在较短距离内边转圈边行进						
H6-107	顶物走过平衡木						
H6-108	在宽15cm、高40cm的平衡木上变换手臂动作(叉腰、平举、上举)						
H6-109	连续三次跳过慢慢摇动的绳						
H6-110	双脚连续跳过自己摇动的跳绳(不低于3次)						
H6-111	会滚铁环						
H6-112	会肩上挥臂投掷(标靶直径不少于60cm,投掷距离约3m),能注意全身协调用力,准确度不低于1/3						
H6-113	在活动中自己增减衣服,懂得用毛巾擦汗						
H6-114	初步养成活动中自己擦汗、累了休息的习惯						

领域二 语言（L）

代 号	评量项目	评量等级						
		第一次	第二次	第三次	第四次	第五次	第六次	第七次
倾听行为 L1								
小班（3～4岁）								
L1－1	能安静地听同伴说话，不随便插嘴，不抢着说话							
L1－2	别人对自己说话时能注意听，能作出正确回应							
L1－2－1	遵从包括一件物件及两项相连动作的指令							
L1－2－2	遵从包括两件物件及两项动作的指令							
L1－3	和人交谈时，会看着对方							
L1－4	能听懂日常会话							
L1－5	能听懂并理解较简单的词							
L1－5－1	辨别"冷"、"热"							
L1－5－2	辨别"胖"、"瘦"							
L1－5－3	辨别"开"、"关"							
L1－5－4	辨别"大声"、"小声"							
L1－5－5	辨别"长"、"短"							
L1－5－6	辨别"白天"、"夜晚"							
L1－5－7	辨别"相同"、"不同"							
L1－5－8	辨别"男"、"女"							
L1－5－9	辨别"前"、"后"、"中间"							
L1－6	能安静地听一个短故事							
L1－7	能说出故事中的大致情节							
中班（4～5岁）								
L1－8	在群体中能有意识地听与自己有关的信息							
L1－9	能辨别几组相反词							
L1－9－1	辨别"轻"、"重"							
L1－9－2	辨别"许多"、"很少"							

续表

L1-9-3	辨别"高"、"矮"						
L1-9-4	辨别"软"、"硬"						
L1-9-5	辨别"平滑"、"粗糙"						
L1-10	能遵从包括3件物件及3项动作的指令						
L1-11	在提示下能基本复述所听的故事						
L1-12	按描述选图片1~5						
	大班(5~6岁)						
L1-13	听不懂或有疑问时能主动提问						
L1-14	辨别"最长"、"最短"						
L1-15	能结合情境理解一些表示因果、假设等相对复杂的句子						
表述行为 L2							
	小班(3~4岁)						
L2-1	会运用形容词、方位词和否定词						
L2-1-1	在句子中会分别运用3个形容词						
L2-1-2	会运用方位词"上、下、里、外"						
L2-1-3	会使用否定句"这是什么,不是什么。"						
L2-2	愿意表达自己的需要和想法,必要时能配以手势动作						
L2-3	在老师的引导下,能够用短句提问						
L2-3-1	会用请求句"我可以吃/出去玩/拿吗?"						
L2-3-2	会用"谁"发问						
L2-3-3	会用"为什么"发问						
L2-4	会用人称代词,如"他的"、"我的"、"你的"、"他们的"等回答问题						
L2-5	适当运用完成式和进行式的词语						
L2-6	愿意在集体面前讲述,能正确地说出讲述内容的主要特征或主要事件						
L2-6-1	重复由6个词组成的句子						
L2-6-2	运用2~3组词语组成的句子去叙述活动						
L2-6-3	叙述即时的经历						
L2-7	能背诵2~3首童谣						

	中班(4~5岁)						
L2-8	乐意和同伴交流,喜欢谈论自己感兴趣的话题						
L2-9	能用轮换的方式与别人交谈,不随意打断别人						
L2-10	能用普通话较为连贯地表达自己的意思,句式较完整						
L2-11	能回答条件性的问题						
L2-12	能按照一定顺序讲述实物、图片和情景的内容						
L2-13	能基本完整地讲述自己的所见所闻和经历的事情						
L2-14	叙述简单的故事						
	大班(5~6岁)						
L2-15	用三个相关的短句描述图画						
L2-16	能根据谈话对象和需要调整说话的语气						
L2-17	能就某个主题主动与人交谈,并能较完整地表达自己的看法和见解						
L2-18	尝试说明、描述简单的事物或过程						
L2-19	能编小故事讲给别人听						
文学欣赏 L3							
	小班(3~4岁)						
L3-1	能听懂短小的儿歌或故事						
L3-2	理解作品的主要内容,如人物、情节等						
L3-3	能理解图书上的文字是和画面对应的,是用来表达画面意义的						
L3-4	能用语言、动作、表情等方式表达自己对文学作品中画面情景的理解						
L3-5	理解文学作品的情节内容,能用语言、动作、表情等方式表达自己的理解						
L3-6	能进行简单的仿编和改编						
	中班(4~5岁)						
L3-7	喜欢欣赏故事、儿歌等不同形式的文学作品						
L3-8	能理解文学作品中的人物形象						
L3-9	能随着作品的展开产生喜悦、担忧等相应的情绪反应,体会作品所表达的情绪情感						
L3-10	能运用较恰当的语言、动作、绘画等形式表现自己对文学作品的理解						

续表

		大班(5~6岁)					
L3-11	能说出所阅读的幼儿文学作品的主要内容						
L3-12	接触优秀的儿童文学作品,感受语言的丰富和优美						
L3-13	能根据故事的部分情节或图书画面的线索,猜想故事情节的发展,或续编、创编故事						
L3-14	体验作品中的情感,如接纳同伴、成就感、对大自然的热爱等						
早期阅读及读写萌发 L4							
		小班(3~4岁)					
L4-1	经常主动要求成人讲故事、读图书						
L4-2	知道看书的基本方法(不颠倒拿书、不撕书、不折书)						
L4-3	知道一些关于有关图书的信息,如图书有封面、封底、作者等						
L4-4	喜欢跟读韵律感强的儿歌、童谣						
L4-5	能用口头语言将儿童图画书的主要内容说出来						
L4-6	对文字感兴趣,能在成人的启发下认读最简单的文字						
L4-7	涂画时用前3指握笔						
L4-8	喜欢涂涂画画,在活动中以描画图形的方式练习基本笔画						
L4-8-1	模拟画"○"(直径5cm)						
L4-8-2	模拟画"+"(5cm高)						
L4-8-3	模拟画"△"(5cm高)						
L4-9	在图形里涂色90%不过线						
		中班(4~5岁)					
L4-10	会按照从上到下、从左到右、从前到后的顺序一页一页地翻书						
L4-11	喜欢把听过的故事或看过的图书讲给别人听						
L4-12	会将图书按一定规律整理好						
L4-13	对生活中常见的标识、符号感兴趣,知道它们表示一定的意义						
L4-14	以描画图形的方式练习基本笔画						
L4-14-1	印描"□"(边长5cm)						

续表

L4-14-2	印描"×"(线长5cm)						
L4-14-3	印描"○"(直径5cm)						
大班(5~6岁)							
L4-15	在阅读图书和生活情境中对文字符号有兴趣,并知道文字表示一定的意义						
L4-16	书写时从上到下、从左到右						
L4-17	尝试用有趣的方式练习汉字的基本笔画						
L4-18	能用橡皮擦掉1.5cm×1.5cm格子里的铅笔字						
L4-19	会使用尺子、卷笔刀等书写辅助工具						

领域三 社会(S)

代号	评量项目	评量等级						
		第一次	第二次	第三次	第四次	第五次	第六次	第七次
自我意识 S1								
	小班(3~4岁)							
S1-1	知道并讲出自己的名字、性别							
S1-2	指出自己身体10个部分的名称(如牙齿、手、脚、胳膊等)							
S1-3	知道自己身体主要部分的基本特征							
S1-4	知道自己身体主要部分的功能							
S1-5	自己能做的事情愿意自己做							
	中班(4~5岁)							
S1-6	说出自己的年龄							
S1-7	了解自己和他人的异同							
S1-8	初步了解自己与他人的情绪,学会同情和关心他人							
S1-9	大胆表达自己的想法							
S1-10	在语言提示下坚持有始有终地做一件事							
	大班(5~6岁)							
S1-11	初步学会控制自己的情绪和行为							
S1-12	了解自己所在的幼儿园,初步懂得应为幼儿园做有益的事							
人际交往 S2								
	小班(3~4岁)							
S2-1	喜欢和小朋友一起游戏							
S2-2	熟悉幼儿园的环境,初步适应幼儿园的生活							
S2-3	见了老师和长辈会鞠躬问好							
S2-4	喜欢与熟悉的长辈一起活动							
S2-5	在其他儿童旁边玩耍及与他们交谈							
S2-6	想加入同伴的游戏时,能友好地提出请求							

续表

S2-7	与两三个同伴一起游戏							
S2-8	在成人的提示下使用日常生活中常见的礼貌用语							
中班(4~5岁)								
S2-9	对大家都喜欢的东西能轮流分享							
S2-10	参与由成人带领的有组织性的集体游戏							
S2-11	与同伴玩合作性游戏,如搭积木							
S2-12	用汽车、积木等玩假想式游戏							
S2-13	参与由同伴带领的有组织性的集体游戏							
S2-14	会用礼貌的方式向长辈表达自己的要求和想法							
大班(5~6岁)								
S2-15	玩有比赛性质的桌面游戏(跳棋、飞行棋、五子棋等)							
S2-16	主动照顾、关心中班和小班的小朋友							
S2-17	主动、准确地使用礼貌用语,以恰当的方式与他人交往							
S2-18	能关注别人的情绪和需要,并能给予力所能及的帮助							
S2-19	知道别人的想法有时和自己不一样,能倾听和接受别人的意见,不能接受时会说明理由							
S2-20	完成成人所指派的小差事							

社会文化 S3

小班(3~4岁)								
S3-1	知道"六一"是自己的节日							
S3-2	认识国旗,知道国歌							
中班(4~5岁)								
S3-3	知道自己是中国人							
S3-4	奏国歌、升国旗时能自动站好							
大班(5~6岁)								
S3-5	愿意为集体做事,为集体的成绩感到高兴							
S3-6	会唱国歌							
S3-7	知道自己的民族,知道中国是一个多民族的大家庭,各民族之间要互相尊重、团结友爱							
S3-8	了解我国主要的自然景观和人文景观							

续表

S3－9	初步了解国家间的友好往来,培养爱好和平的情感					
S3－10	初步感知世界著名的人文景观及优秀艺术精品,培养幼儿对世界文化的兴趣					
社会环境 S4						
	小班(3~4岁)					
S4－1	知道父母和老师的姓名					
S4－2	知道自己的家庭住址及电话号码					
S4－3	知道幼儿园的名称、地址					
S4－4	能从事简单的自我服务性劳动					
	中班(4~5岁)					
S4－5	愿意和家长一起参加社区的一些群体活动					
S4－6	了解周围成人的劳动,学做一些力所能及的事					
	大班(5~6岁)					
S3－7	能感受到家乡的发展变化并为此感到高兴					
S3－8	了解周围的社会生活,知道社会机构成员的劳动及其与自己生活的关系					
行为规范 S5						
	小班(3~4岁)					
S5－1	在提醒下能遵守游戏和公共场所的规则					
S5－2	懂得最主要的交通安全常识					
S5－3	知道不经允许不能拿别人的东西,借别人的东西要归还					
S5－4	在与同伴共同活动时不经常争夺或独占玩具					
	中班(4~5岁)					
S5－5	不提无理要求,不无故发脾气					
S5－6	知道接受了的任务一定要完成					
S5－7	有最基本的自我控制能力,懂得不侵犯同伴					

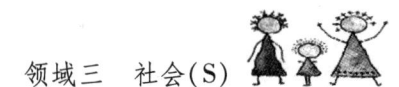

续表

	大班(5~6岁)							
S5-8	理解规则的意义,能与同伴协商制定游戏和活动规则							
S5-9	能维护环境整洁,注意节约资源							
S5-10	会分辨是非,做了错事敢于承认,不说谎							
S5-11	能初步以规则的要求对照自己和他人的行为,并能遵守各种行为规则							
S5-12	愿意从事力所能及的劳动,能认真负责完成自己接受的任务							
S5-13	初步懂得爱惜劳动成果,爱惜公物							

领域四 科学(SC1)

副领域(SC1)科学(幼儿园请根据选择的课程制定分目标)

代号	评量项目	评量等级						
		第一次	第二次	第三次	第四次	第五次	第六次	第七次
知识 SC1-1								
小班(3~4岁)								
SC1-1-1	观察周围常见的个别自然物,获取粗浅的科学经验							
SC1-1-1-1	知道常见的动物特征,并会用动作模仿(老鼠、猫、羊、猪、白兔、奶牛、鸡、鸭、鹅、乌龟、斑马、猴、孔雀、大象、长颈鹿等)							
SC1-1-1-2	知道常见的瓜果特征,了解其生长过程(葡萄、苹果、梨、橘子、香蕉、西瓜、草莓、西红柿、冬瓜、黄瓜、丝瓜等)							
SC1-1-2	初步了解个别自然物与生活的具体关系							
SC1-1-2-1	了解如何和小动物相处、如何爱护小动物							
SC1-1-2-2	了解瓜果的食用价值和功用							
SC1-1-3	能感知并发现物体和材料的软硬、光滑及粗糙等特性							
SC1-1-4	能感知和体验天气对自己生活和活动的影响							
SC1-1-5	能观察了解日常生活中直接接触的个别人造产品(如:电视、洗衣机、汽车)的特征及用途,获取粗浅的科学经验							
SC1-1-6	感受人造产品给生活带来的方便							
中班(4~5岁)								
SC1-1-7	能了解有关自然环境中动植物的生长变化及其基本条件							
SC1-1-8	能感知和发现常见材料的溶解、传热等性质或用途							
SC1-1-9	了解不同环境中个别动植物的形态特征和生活习性							
SC1-1-10	了解四季的特征,体验季节对动植物和人的影响							
SC1-1-11	观察简单的理化现象,获取感性经验,如物体形态或位置变化等							
SC1-1-12	了解周围生活中常见科技产品的具体知识和经验							

SC1-1-13	能了解常见科技产品在生活中的运用						
大班(5~6岁)							
SC1-1-14	了解不同环境中的动植物及其与环境的相互关系						
SC1-1-15	了解周围生活中的环境污染现象						
SC1-1-16	认识了解人们保护生态环境的活动						
SC1-1-17	拥有有关季节与环境等关系的感性经验						
SC1-1-18	拥有有关人类与环境等关系的感性经验						
SC1-1-19	拥有有关动植物与环境等关系的感性经验						
SC1-1-20	感知并了解季节变化的周期性,知道变化的顺序						
SC1-1-21	愿意探索周围生活中常见的物理现象,如影子、沉浮等						
SC1-1-22	接触了解周围生活中的现代科学技术						
SC1-1-23	知道现代科学技术在生活中的运用						
SC1-1-24	了解各种感官在感知中的作用						
方法技能 SC1-2							
小班(3~4岁)							
SC1-2-1	能用多种感官或动作去探索物体						
SC1-2-2	能用词语描述事物的特征						
SC1-2-3	能用简单的句子描述事物的特征						
SC1-2-4	能用词语描述自己的发现						
SC1-2-5	能用简单的句子描述自己的发现						
SC1-2-6	能在成人的协助下使用日常生活中常用科技产品						
中班(4~5岁)							
SC1-2-7	能运用多种感官感知事物特征						
SC1-2-8	能对事物或现象进行比较观察,发现其相同和不同						
SC1-2-9	会运用简单的工具进行测量						
SC1-2-10	能通过简单的调查收集信息						
SC1-2-11	能用图画或其他符号进行记录						
SC1-2-12	能运用简单工具进行制作活动						

续表

大班(5~6岁)								
SC1-2-13	能通过观察、比较与分析,发现并描述不同种类物体的特征或某个事物前后的变化							
SC1-2-14	能用一定的方法验证自己的猜测							
SC1-2-15	在成人的帮助下能制订简单的调查计划并执行							
SC1-2-16	会运用正确的测量方法							
SC1-2-17	能用完整、连贯的语言与同伴、教师交流自己的探索过程和结果,表达愿望;能在探索中提出问题并参与讨论							
SC1-2-18	能用数字、图画、图表或其他符号记录							
SC1-2-19	会运用简单工具和多种材料进行制作活动							
SC1-2-20	探究中能与他人合作交流							
情感 SC1-3								
小班(3~4岁)								
SC1-3-1	喜欢接触大自然,对周围的很多事物和现象感兴趣							
SC1-3-2	经常问各种问题,或好奇地摆弄物品							
SC1-3-3	有兴趣参与简单制作活动							
SC1-3-4	喜爱动植物和周围环境							
SC1-3-5	能在成人的感染下表现出关心爱护周围事物的情感							
中班(4~5岁)								
SC1-3-6	喜欢接触新事物,经常问一些与新事物有关的问题							
SC1-3-7	常常动手动脑探索物体和材料,并乐在其中							
SC1-3-8	关心爱护动植物							
SC1-3-9	关心爱护周围环境							
大班(5~6岁)								
SC1-3-10	对自己感兴趣的问题总是刨根问底							
SC1-3-11	对自然环境和现代社会生活中的科技产品产生广泛的兴趣							
SC1-3-12	能自己发现问题、提出问题、寻求答案							
SC1-3-13	探索中有所发现时感到兴奋和满足							
SC1-3-14	主动关心、爱护周围环境							

科学（SC2）

副领域（SC2）数学

代　号	评量项目	评量等级						
		第一次	第二次	第三次	第四次	第五次	第六次	第七次
感知集合 SC2－1								
小班（3～4岁）								
SC2－1－1	根据范例和口头指示从一堆物体中分出一组物体							
SC2－1－1－1	根据范例从一堆物体中分出一组物体							
SC2－1－1－2	根据口头指示从一堆物体中分出一组物体							
SC2－1－2	按物体的某一特征进行分类							
SC2－1－2－1	能将两组物体收分为两堆							
SC2－1－2－2	能将两组立体形状的积木收分为两堆							
SC2－1－2－3	能将两组物体依大小分类							
SC2－1－2－4	能将两组物体依颜色分类							
SC2－1－2－5	能将两组图片进行分类							
SC2－1－3	感知"1"和"许多"，并能从周围环境中找到"1个"和"许多个"							
SC2－1－4	能用一一对应的方法来比较两组物体的多、少和一样多（物体个数在5以内）							
SC2－1－4－1	能按物品特征，将相同的东西配对，掌握"一双"、"一对"的概念							
SC2－1－4－2	会对应排列5组相关物体图卡（如美术作品和工具、雨鞋和雨伞等）							
SC2－1－4－3	能为一组实物（物体个数在3以内）一一对应配对，并说出一样多							
SC2－1－4－4	会运用一一对应的方法比较两组物体数量的多少（物体个数在3以内）							
SC2－1－4－5	能为一组实物（物体个数在5以内）一一对应配对，并说出一样多							
SC2－1－4－6	运用一一对应的方法比较两组物体数量的多少（物体个数在5以内）							
SC2－1－5	能辨别相同和不同的图案，并能找出相似两图的不同之处							

续表

中班(4~5岁)								
SC2-1-6	能从一堆物体中把不属于这一集合的元素找出来							
SC2-1-7	按物体量的某一特征进行分类							
SC2-1-7-1	按物体的高矮进行分类							
SC2-1-7-2	按物体的粗细进行分类							
SC2-1-7-3	按物体的长短进行分类							
SC2-1-7-4	按物体的薄厚进行分类							
SC2-1-8	按物体的数量分类							
SC2-1-9	按两个条件进行分类							
SC2-1-10	学习接续 ABC、ABB、BCA 等形式，进行简单规律排序							
大班(5~6岁)								
SC2-1-11	能根据指令找出集合中的子集类							
SC2-1-12	能完成 10 片以内的拼图							
SC2-1-13	按物体两个以上特征或特性进行分类							
SC2-1-14	按某一特征的肯定与否定进行分类							
SC2-1-15	会层级分类							
SC2-1-15-1	按照二层条件连续分类							
SC2-1-15-2	按照三层条件连续分类							
SC2-1-16	多角度分类							
SC2-1-16-1	按照三种条件连续分类							
SC2-1-16-2	能按指令做多条件的分类							
SC2-1-17	能续接多方向的 ABCD、ABAC 的形式，进行规律排序							
10 以内数的概念 SC2-2								
小班(3~4岁)								
SC2-2-1	认识数字"1"及对应的数量							
SC2-2-2	认识数字"2"及对应的数量							
SC2-2-3	认识数字"3"及对应的数量							
SC2-2-4	手口一致地从左到右点数 3 以内的物体，并能说出总数							
SC2-2-5	能将 3 以内的相同数量配对							
SC2-2-6	会实物和点子配对"1"、"2"、"3"							

续表

SC2-2-7	会实物和数卡配对"1"、"2"、"3"							
SC2-2-8	会用范例和口述的数取出3以内的数							
SC2-2-9	认识数字"4"及对应的数量							
SC2-2-10	会实物和点子配对"4"							
SC2-2-11	会实物和数卡配对"4"							
SC2-2-12	手口一致地从左到右点数到4个物体,并能说出总数							
SC2-2-13	会用范例和口述的数取出4以内的物体							
SC2-2-14	会实物和点子配对"5"							
SC2-2-15	会实物和数卡配对"5"							
SC2-2-16	手口一致地从左到右点数到5个物体,并能说出总数							
SC2-2-17	会按实物范例和口述的数取出5以内的物体							
SC2-2-17-1	会按实物范例取出相等数量的物体							
SC2-2-17-2	会按口述的数取出相等数量的物体							
中班(4~5岁)								
SC2-2-18	认识数字"6",知道5个添上1个就是6个							
SC2-2-19	能不受物体的大小、形状和排列形式及特征的影响,正确认识6以内物体的数量							
SC2-2-20	认识数字"7",知道6个添上1个就是7个							
SC2-2-21	能将7以内的等量具体物、图像表征和抽象数字做对应							
SC2-2-22	认识数字"8",知道7个添上1个就是8个							
SC2-2-23	认识数字"9",了解9的形成							
SC2-2-24	认读10以内的阿拉伯数字							
SC2-2-25	会按口述的数或数字取10以内的物体							
SC2-2-26	会按顺序排列1~10的数字							
SC2-2-27	了解"0"的概念							
SC2-2-28	正确点数10以内的物体,说出总数							
SC2-2-29	比较10以内两组物体的数量,理解两数多一少一的关系							
SC2-2-30	理解10以内相邻两数相差为1的互逆关系(如2比1多1,1比2少1)							
SC2-2-31	正确判断10以内物体的数量							

续表

编号	内容						
SC2-2-31-1	不受物体大小的影响目测数群,正确判断10以内物体的数量						
SC2-2-31-2	不受物体形状的影响目测数群,正确判断10以内物体的数量						
SC2-2-31-3	不受物体排列形式的影响目测数群,正确判断10以内物体的数量						
SC2-2-32	认识5以内的序数,会从不同方向确认物体的排列顺序						
SC2-2-33	学习10以内的序数,理解序数的含义						
SC2-2-33-1	会用序数词表示物体在序列中的位置						
SC2-2-33-2	从不同方向判断物体在序列中的位置						
SC2-2-33-3	能区分"几个"和"第几个"						
SC2-2-34	掌握5以内数的分解组成,体验总数与部分数之间的包含关系,部分数与部分数之间的互补关系和互换关系						
SC2-2-35	会10以内数字的逆排序						
SC2-2-36	会画写数字1~10						
大班(5~6岁)							
SC2-2-37	会1~10的倒数						
SC2-2-38	能目测数群并按群计数						
SC2-2-38-1	会10个一数						
SC2-2-38-2	会5个一数						
SC2-2-38-3	会2个一数						
SC2-2-39	认识10以内单、双数						
SC2-2-40	认识10以内相邻数,了解10以内相邻数间的等差关系						
SC2-2-41	会进行6~9的分解组成,理解总数与部分数之间的包含关系,部分数与部分数之间的互补关系和互换关系						
SC2-2-42	会进行10以内数的分解组成,体验总数与部分数之间的包含关系,部分数与部分数之间的互补关系和互换关系。						
SC2-2-43	正确书写10以内的阿拉伯数字						
SC2-2-44	能数数并辨认数字11~20						
SC2-2-45	了解1元、5元和10元之间的币值关系及简单换算						
SC2-2-46	学会解答和自编(模仿和描述)口述加减应用题(求和、求剩余),并与加减符号和5以内的算式结合						

续表

10以内数的加减运算 SC2-3		
大班(5~6岁)		
SC2-3-1	借助实际情景和操作(合并或拿取)理解"+"、"-"的实际意义	
SC2-3-2	会用数的分解组成进行10以内数的加减运算和列式	
SC2-3-3	会编算10以内简单的口述应用题	
SC2-3-4	用加减法解答生活中的一些简单的问题	
量的比较及自然测量 SC2-4		
小班(3~4岁)		
SC2-4-1	区别两个大小和长短不同的物体并掌握词汇	
SC2-4-1-1	会用一一对应的方法比较两组物体的大小	
SC2-4-1-2	能用目测的方法比较物体大小,并讲出哪个大、哪个小	
SC2-4-1-3	会用一一对应的方法比较两组物体的长短	
SC2-4-1-4	能用目测的方法比较物体的长短,并讲出哪个长、哪个短	
SC2-4-2	能分辨两者之间高和矮	
SC2-4-3	从5个以内物体中找出并说出最大(最长)和最小(最短)的物体	
SC2-4-3-1	从5个以内物体中找出并说出最大和最小的物体	
SC2-4-3-2	从5个以内物体中找出并说出最长和最短的物体	
SC2-4-4	按物体的大小或长短的差异进行5以内物体的排序	
SC2-4-4-1	按物体的大小差异进行5以内物体的排序	
SC2-4-4-2	按物体的长短差异进行5以内物体的排序	
SC2-4-5	按物体的形状或颜色的差异进行5以内物体的排序	
SC2-4-5-1	按物体的形状差异进行5以内物体的排序	
SC2-4-5-2	按物体的颜色差异进行5以内物体的排序	
SC2-4-6	能仿照简单的规则给物体进行AB形式的排序	
中班(4~5岁)		
SC2-4-7	区别两个物体的不同并掌握词汇	
SC2-4-7-1	区别粗细不同的两个物体并掌握词汇	

续表

编号	内容							
SC2-4-7-2	区别薄厚不同的两个物体并掌握词汇							
SC2-4-7-3	区别高矮不同的两个物体并掌握词汇							
SC2-4-7-4	区别轻重不同的两个物体并掌握词汇							
SC2-4-7-5	区别快慢不同的两个物体并掌握词汇							
SC2-4-8	能用比较的用语描述三者间的关系							
SC2-4-8-1	用比较的方法,正确感知三个物体之间的高矮关系							
SC2-4-8-2	用比较的方法,正确感知三个物体之间的长短关系							
SC2-4-8-3	用比较的方法,正确感知三个物体之间的大小关系							
SC2-4-9	能从几个物体中找出等量的物体							
SC2-4-10	能按物体量的差异进行7个以内物体的正、逆排序。感知、体验连续量之间的相对、互逆、传递关系							
SC2-4-10-1	能按物体高矮进行7个以内物体的正、逆排序							
SC2-4-10-2	能按物体粗细进行7个以内物体的正、逆排序							
SC2-4-10-3	能按物体薄厚进行7个以内物体的正、逆排序							
SC2-4-10-4	能按速度快慢进行7个以内物体的正、逆排序							
SC2-4-11	能完成10片以内的拼图,了解部分与整体的关系							
SC2-4-12	会按一定规律排列物体							
大班(5~6岁)								
SC2-4-13	会用目测、自然测量的方法比较物体量的差异							
SC2-4-13-1	能目测差别较大的容量							
SC2-4-13-2	会运用容器进行测量							
SC2-4-13-3	会运用"自选单位"测量,比较面积的大小							
SC2-4-13-4	能比较三者的轻重							
SC2-4-13-5	了解测量面积的方法							
SC2-4-13-6	会使用尺子测量							
SC2-4-14	感知量的守恒							
SC2-4-14-1	通过操作了解物体长度的守恒							

续表

编号	内容									
SC2-4-14-2	通过操作了解物体面积的守恒									
SC2-4-14-3	通过操作了解物体容积(体积)的守恒									
SC2-4-15	学习按物体量的差异和数量的不同进行10以内的正、逆排序									
SC2-4-16	能理解符号"＜"、"＞"、"＝"所表示的意思									
SC2-4-16-1	用符号"＜"、"＞"、"＝"表示两个集合的数量关系									
SC2-4-16-2	用符号"＜"、"＞"表示10以内数量变化关系									
SC2-4-17	会等分实物或图形,体验等分中包含、等量关系									
SC2-4-17-1	仿画对称图形的另一半									
SC2-4-17-2	能把一个实物二等分									
SC2-4-17-3	能把一个实物四等分									
SC2-4-17-4	能把一个图形二等分									
SC2-4-17-5	能把一个图形四等分									
SC2-4-18	按照一定的规则排序探索,发现规则									
认识几何形体 SC2-5										
	小班(3~4岁)									
SC2-5-1	认识圆形,并能从周围环境中找出与圆形相似的物体									
SC2-5-2	认识正方形,并能从周围环境中找出与正方形相似的物体									
SC2-5-3	认识三角形,并能从周围环境中找出与三角形相似的物体									
SC2-5-4	会用认识的图形拼出简单的图形									
SC2-5-5	能分辨圆形、三角形和正方形并说出名称									
	中班(4~5岁)									
SC2-5-6	能找到指定物的轮廓									
SC2-5-7	能配对5组立体积木									
SC2-5-8	认识长方形、半圆形,知道其名称和明显特征									
SC2-5-9	喜欢用几何形体(积木)进行拼搭和建构活动									
SC2-5-10	认识椭圆形、梯形,知道其名称和明显特征									
SC2-5-11	会把一个图形分成两个或三个部分以及将部分拼成一个图形									

SC2-5-12	正确辨认图形,了解形状守恒						
SC2-5-12-1	能不受大小的影响,正确辨认图形						
SC2-5-12-2	能不受颜色的影响,正确辨认图形						
SC2-5-12-3	能不受摆放位置的影响,正确辨认图形						
SC2-5-13	初步感知平面图形间的简单关系						
SC2-5-13-1	知道正方形不同的折法的一半是什么形状(长方形、三角形等)						
SC2-5-13-2	知道长方形不同的折法的一半是什么形状(正方形、长方形、三角形等)						
SC2-5-14	能辨认简单的立体形状						
	大班(5~6岁)						
SC2-5-15	会拼摆七巧板,能依据图形线索拼出指定图形						
SC2-5-16	认识几种常见的立体形状(正方体、长方体、球体、圆柱体)并说出名称						
SC2-5-17	能从两组造型中找出相同的形状(如积木)						
SC2-5-18	能从周围环境中找出与几何体相似的物体						
SC2-5-19	能用立体形状创造造型						
空间 SC2-6							
	小班(3~4岁)						
SC2-6-1	区分并说出以自身为中心的上下方位						
SC2-6-1-1	说出自己身体部位的上下位置						
SC2-6-1-2	说出在自己上面的物体和在自己下面的物体						
SC2-6-2	判断两个物体之间明显的上下关系,并能用语言表述						
SC2-6-3	分辨里、外的空间位置关系,能用语言表述						
	中班(4~5岁)						
SC2-6-4	区分并说出以客体为中心的物体间上下的空间方位						
SC2-6-5	区分并说出以客体为中心的物体间里外的空间方位						
SC2-6-6	区分并说出以客体为中心的物体间前后的空间方位						
SC2-6-7	能用相同的组件(如积木)搭建不同的立体组合						
SC2-6-8	会按指定的方向(向上、向下或向前、向后)运动						

科学（SC2）

续表

		大班（5~6岁）						
SC2-6-9	以自身为中心区分左右方位							
SC2-6-9-1	区分自己的左右手							
SC2-6-9-2	区分自己和物体的左右方位							
SC2-6-10	会听指令向左、向右方向运动							
SC2-6-11	以客体为中心区分左右方位							
SC2-6-12	能按两个特征在表格中寻找物品，初步了解坐标概念							
SC2-6-13	能按上、下、左、右特征在表格中摆放图形							
SC2-6-14	会比较地图标示的物件间的距离远近关系							
SC2-6-15	在日常生活中，能注意自己（或物体）在空间的位置和运动方向							
时间 SC2-7								
		小班（3~4岁）						
SC2-7-1	结合日常生活，区分早上、中午、晚上							
SC2-7-2	结合日常生活，区分白天、黑夜							
		中班（4~5岁）						
SC2-7-3	理解昨天、今天、明天的含义，知道它们之间的关系，正确使用词汇							
SC2-7-4	初步体验时间与时间顺序关系							
SC2-7-4-1	知道星期一到星期日的顺序							
SC2-7-4-2	能根据时间看图说简单的故事，摆顺序							
		大班（5~6岁）						
SC2-7-5	认识时钟，知道时间表示的单位，学会看整点、半点							
SC2-7-6	会看日历，能按指定条件找到月历上的位置							
SC2-7-7	能按数字表倒数							
SC2-7-8	会按事件发生的先后顺序排出时间序列							
SC2-7-9	能按照线索推论前后的变化							

续表

情感态度和方法技能 SC2-8								
小班(3~4岁)								
SC2-8-1	愿意参加数学活动							
SC2-8-2	喜欢摆弄、操作数学活动材料							
SC2-8-3	能在老师的帮助下按要求取放操作材料							
SC2-8-4	能在老师的帮助下按要求进行活动							
中班(4~5岁)								
SC2-8-5	喜欢参加数学活动							
SC2-8-6	能较正确地进行数学操作活动							
SC2-8-7	对自己的数学操作活动成果感兴趣							
SC2-8-8	愿意并学习用适当的方法表达、交流自己操作探索的过程和结果							
大班(5~6岁)								
SC2-8-9	积极进行数学活动							
SC2-8-10	遵守活动规则,有条理地摆放、整理数学活动材料							
SC2-8-11	操作活动中不打扰别人							
SC2-8-12	能用恰当的方式表达、交流数学操作活动的过程和结果							
SC2-8-13	能发现生活中许多问题都可以用数学的方法来解决,体验解决问题的乐趣							

领域五 艺术(A1)

副领域(A1) 美 术

代 号	评量项目	评量等级						
		第一次	第二次	第三次	第四次	第五次	第六次	第七次
美术欣赏 A1-1								
小班(3~4岁)								
A1-1-1	喜欢并会命名自己的涂鸦作品							
A1-1-2	喜欢观看同伴的美术作品							
A1-1-3	欣赏时能自由表现自己的感受,体验美术欣赏活动的快乐							
A1-1-4	喜欢观看花草树木、日月星空等大自然中美的事物							
A1-1-5	欣赏美术作品							
A1-1-5-1	喜欢观看与自己生活经验有关的、具有鲜明色彩的图画作品(绘画)							
A1-1-5-2	喜欢观看与自己的生活经验有关的、简单造型的美术作品(泥塑及其他艺术形式的作品)							
A1-1-5-3	欣赏名画,并能初步理解画面内容							
中班(4~5岁)								
A1-1-6	在欣赏自然界和生活环境中美的事物时,关注其色彩、形态等特征							
A1-1-7	关注具有美感的事物							
A1-1-7-1	关注日常生活中的玩具							
A1-1-7-2	关注生活物品							
A1-1-7-3	关注节日装饰							
A1-1-8	能够专心地观看自己喜欢的文艺演出或艺术品,有模仿和参与的愿望							
A1-1-9	尝试用语言、动作、表情等表达自己对作品的理解、想象和情感							
A1-1-10	欣赏艺术作品时会产生相应的联想和情绪反应							
A1-1-11	欣赏同伴作品							
A1-1-11-1	愿意欣赏并初步评价同伴的美术作品							

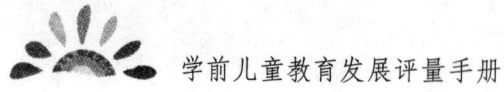

续表

编号	内容						
A1-1-11-2	能对同伴作品作出简单的评述,说出自己喜爱或不喜爱的理由						
大班(5~6岁)							
A1-1-12	乐于收集美的物品或向别人介绍所发现的美的事物						
A1-1-13	喜欢欣赏感兴趣的美术作品						
A1-1-13-1	喜欢欣赏感兴趣的绘画类美术作品						
A1-1-13-2	喜欢欣赏感兴趣的工艺类美术作品						
A1-1-13-3	喜欢欣赏感兴趣的雕塑类美术作品						
A1-1-13-4	喜欢欣赏感兴趣的建筑类美术作品						
A1-1-14	具有初步发现周围环境和美术作品中美的能力						
A1-1-15	能感受作品中形象的造型美、色彩的色调及情感表现						
A1-1-16	能感受构图的对称均衡节奏						
A1-1-17	了解作品简单的背景知识,感受和理解作品的形象和主题意义						
A1-1-18	能用语言、动作、表情等表达对作品的理解、想象和情感						
A1-1-19	愿意和别人分享、交流自己喜爱的艺术作品和美感体验						
A1-1-20	评价同伴作品						
A1-1-20-1	能从形式的角度评价同伴的美术作品						
A1-1-20-2	能从内容的角度评价同伴的美术作品						
绘画活动 A1-2							
小班(3~4岁)							
A1-2-1	经常涂涂画画、粘粘贴贴并乐在其中						
A1-2-2	能使用不同的工具大胆作画						
A1-2-3	认识常见的绘画工具和材料						
A1-2-3-1	认识油画棒/蜡笔						
A1-2-3-2	认识水彩笔						
A1-2-3-3	认识水粉笔和画纸						
A1-2-4	掌握常用绘画工具和材料的基本使用方法						
A1-2-4-1	掌握油画棒、蜡笔的基本使用方法						
A1-2-4-2	掌握水彩笔的基本使用方法						

续表

A1-2-4-3	掌握水粉笔和画纸的基本使用方法						
A1-2-5	初步养成正确的握笔方法						
A1-2-6	学习画线条(直线、斜线和曲线)						
A1-2-7	学习画简单形状(圆形、三角形和正方形)						
A1-2-8	能用线条和简单形状来表现日常生活中熟悉的简单物体的轮廓特征						
A1-2-9	认识黑、白、红、黄、蓝等颜色						
A1-2-10	会在画面中心位置大胆地安排主要形象						
中班(4~5岁)							
A1-2-11	用绘画表现自己观察到的或想象的事物						
A1-2-12	学习用线条和形状表现感受过的物体的基本结构和主要特征						
A1-2-13	认识12种颜色						
A1-2-14	能辨别同种色的深浅						
A1-2-15	用多种颜色作画,区分并尝试画出主体色和背景色						
A1-2-16	能在画面上安排物体的上下、左右位置						
A1-2-17	乐于向别人介绍自己的作品及绘画想法						
大班(5~6岁)							
A1-2-18	会综合运用多种绘画工具和材料						
A1-2-19	能运用不同绘画技法表现自己的思想和感受						
A1-2-20	能完整表现动态结构和简单情节						
A1-2-21	在绘画中能体会均衡、对称、变化等形式美						
A1-2-22	在绘画中能注意深浅、冷暖颜色的搭配						
手工 A1-3							
小班(3~4岁)							
A1-3-1	愿意参加玩泥、撕纸等手工活动,体验手工活动的快乐						
A1-3-1-1	愿意参加玩泥活动						
A1-3-1-2	愿意参加撕纸活动						
A1-3-2	熟悉泥工、纸工等工具材料						
A1-3-3	大胆使用剪刀						
A1-3-3-1	剪5cm宽的纸条						
A1-3-3-2	沿画书纸上的直线剪8cm						

续表

A1-3-4	能大胆运用不同材料蘸颜色在纸上按意愿压印图案						
A1-3-4-1	能大胆运用印章蘸颜色在纸上按意愿压印图案						
A1-3-4-2	能大胆运用纸团蘸颜色在纸上按意愿压印图案						
A1-3-4-3	能大胆运用木块蘸颜色在纸上按意愿压印图案						
A1-3-4-4	能大胆运用积木等蘸颜色在纸上按意愿压印图案						
A1-3-5	会使用糨糊、胶水在已有的图形里粘贴沙子、种子等点状自然材料						
A1-3-6	会用不同的方式制作纸质面状材料						
A1-3-6-1	会撕纸质面状材料						
A1-3-6-2	会拼制纸质面状材料						
A1-3-6-3	会贴纸质面状材料						
A1-3-6-4	会对边折纸质面状材料						
A1-3-6-5	会对角折纸质面状材料						
A1-3-7	会用搓、团圆、压扁、黏合的方法塑造简单的立体物象						
A1-3-7-1	会用橡皮泥搓						
A1-3-7-2	会用橡皮泥团圆						
A1-3-7-3	会搓、团圆后压扁橡皮泥						
A1-3-7-4	会黏合橡皮泥的简单造型						
A1-3-8	手工活动后在老师的提醒下会收拾整理用具						
中班(4~5岁)							
A1-3-9	能撕出简单的物体轮廓						
A1-3-10	用较丰富、复杂的点状材料(如木屑、纸屑、泡沫屑等)粘贴出简单的物像						
A1-3-11	会折纸						
A1-3-11-1	会四角向中心折						
A1-3-11-2	会双正方折纸						
A1-3-11-3	会双三角折纸						
A1-3-11-4	会折简单的玩具						
A1-3-12	会沿画于纸上的曲线剪						
A1-3-13	会剪贴出简单的物像						

续表

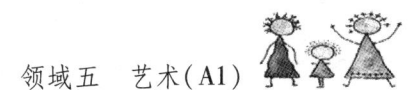

编号	内容							
A1-3-14	能用捏的方法塑造简单的立体物像							
A1-3-15	能用泥塑造平面的物像							
A1-3-16	初步用点状、线状、面状和块状的自然物和废旧材料制作玩具							
A1-3-17	能进行分工协作,和同伴一起完成一件作品							
	大班(5~6岁)							
A1-3-18	喜欢用手工形式表现自己的意愿							
A1-3-19	熟练使用剪刀							
A1-3-19-1	会沿线剪出方形(边长6cm的纸上画边长5cm的方形)							
A1-3-19-2	会沿线剪出圆形(边长6cm的纸上画直径5cm的圆形)							
A1-3-19-3	会沿线剪出三角形(边长6cm的纸上画边长5cm的三角形)							
A1-3-20	用多种点状材料拼贴物象,表现简单的情节							
A1-3-21	用多种技法将折纸折成物体的各个部分,组合成整体物象							
A1-3-22	用目测的方法将纸等面状材料分块剪、折叠剪,来拼贴平面的物象							
A1-3-23	用目测的方法将纸等面状材料分块剪、折叠剪,来做立体的物象							
A1-3-24	能用伸拉的方法并配合其他泥工技法塑造结构较复杂的物象,表现主要特征和某些细节							
A1-3-25	会综合运用各种工具、材料和技法,制作简单的教具、玩具等							
A1-3-26	会综合运用各种工具、材料和技法,制作简单的礼品、演出服装、道具等							

艺术（A2）

副领域（A2）音 乐

代　号	评量项目	评量等级						
^	^	第一次	第二次	第三次	第四次	第五次	第六次	第七次
歌唱活动 A2-1								
小班（3~4岁）								
A2-1-1	喜欢自己唱，也愿意和同伴一起唱歌							
A2-1-2	不大声喊唱							
A2-1-3	能模仿学唱短小歌曲							
A2-1-4	在有伴奏的情况下，基本能完整地唱已经熟悉的歌曲							
中班（4~5岁）								
A2-1-5	喜欢在集体中唱歌							
A2-1-6	能用自然的音量、适中的声音基本准确地唱歌							
A2-1-7	尝试为熟悉、短小工整而多重复的简单歌曲增添新的歌词，并将新编的歌词填入曲调中唱出							
A2-1-8	在集体的歌曲活动中能够控制自己的音色，使自己的歌声与集体的歌声相协调							
A2-1-9	能通过即兴哼唱、即兴表演或给熟悉的歌曲编词来表达自己的心情							
A2-1-10	初步会接唱和对唱							
大班（5~6岁）								
A2-1-11	能独立、大胆地在集体面前演唱							
A2-1-12	喜欢自发地即兴演唱							
A2-1-13	能用基本准确的节奏和音调唱歌							
A2-1-14	能运用歌唱的嗓音（区别于说话的嗓音）和正确的歌唱姿势来演唱							
A2-1-15	会领唱、齐唱							
A2-1-16	会简单的两声部轮唱、合唱							
A2-1-17	根据不同的合作歌唱的要求，控制调节自己的歌声							
A2-1-18	在没有伴奏的情况下，能独立而完整地演唱							

续表

韵律活动 A2-2						
小班(3~4岁)						
A2-2-1	能跟随熟悉的音乐做动作					
A2-2-2	能按照音乐的基本拍子自然均匀地做上肢或下肢的简单基本动作和模仿动作(如拍手、小鸟飞等)					
A2-2-3	能在老师的引导下边唱边表演					
中班(4~5岁)						
A2-2-4	喜欢参与各种韵律活动,表演时有自信心					
A2-2-5	会做一些稍复杂的模仿动作,如摘葡萄、洗手帕、小司机、擦玻璃等					
A2-2-6	能根据音乐的变化自由地变换动作					
A2-2-7	会一些基本的舞蹈动作,如手腕花、踵趾小跑步、小跑步等					
A2-2-8	会尝试根据自己的想象用创造性动作自我表现					
A2-2-9	能在表演过程中学习使用简单的道具					
大班(5~6岁)						
A2-2-10	能用律动或简单的舞蹈动作表现自己的情绪或自然界的情景					
A2-2-11	能比较准确地按照音乐的节奏做各种稍复杂的基本动作					
A2-2-12	能比较准确地按照音乐的节奏做模仿动作和舞蹈动作组合					
A2-2-13	用自己的方式和创造性的动作进行自我表现与表达活动					
A2-2-14	能为不同的舞蹈表演选择不同的道具和服装					
A2-2-15	会跳一些稍复杂的集体舞					
音乐欣赏活动 A2-3						
小班(3~4岁)						
A2-3-1	能在短时间内专心听所喜欢的音乐					
A2-3-2	分辨音乐中的行进、停止的信号并作出相应的动作					
中班(4~5岁)						
A2-3-3	喜欢倾听音乐、观看表演,能够在一定时间内保持欣赏注意力的集中					

续表

编号	内容						
A2-3-4	对形象单一、鲜明的乐曲和歌曲有一定的感受并产生积极的外部反应						
A2-3-5	初步能够用身体动作和简单语言的形式表现对音乐欣赏的感受						
A2-3-6	初步能够用绘画的形式表现对音乐欣赏的感受						
A2-3-7	能简单地用语言描述进行曲、舞曲、摇篮曲的特征						
大班(5~6岁)							
A2-3-8	乐意参与音乐欣赏活动,能安静关注地倾听音乐						
A2-3-9	能大胆自信地用丰富多彩的形式充分表现欣赏过程中的感受						
A2-3-10	基本能够准确地感知和体验音乐舞蹈作品的独特风格和情趣						
A2-3-11	在音乐舞蹈欣赏过程中获取认知满足和情感体验满足						

音乐游戏活动 A2-4

编号	内容						
小班(3~4岁)							
A2-4-1	愿意参加音乐游戏活动						
A2-4-2	在老师的引导下能初步按照游戏规则来玩游戏						
中班(4~5岁)							
A2-4-3	喜欢参加音乐游戏,乐意在游戏中与同伴分享快乐						
A2-4-4	能初步创编音乐游戏的新玩法和不同的动作						
A2-4-5	能根据游戏内容,自主选择和使用游戏的辅助材料						
A2-4-6	游戏中能和同伴相互配合,相互一致,理解并遵守游戏规则						
大班(5~6岁)							
A2-4-7	在音乐游戏活动中,能自主分配角色,发展情节						
A2-4-8	能用动作、表情创造性地表现音乐游戏中不同的音乐形象						
A2-4-9	能大胆地创编不同的玩法和动作						
A2-4-10	能主动相互配合,协调一致						
A2-4-11	能相互自觉监督游戏规则的遵守情况,并能用讨论的方法增加新玩法和新规则						

续表

乐器演奏活动 A2-5							
小班(3~4岁)							
A2-5-1	跟随音乐有节奏地敲奏乐器						
A2-5-2	掌握几种打击乐器的基本演奏方法						
A2-5-2-1	会用铃鼓进行演奏						
A2-5-2-2	会用有硬把的碰铃进行演奏						
A2-5-2-3	会用鼓进行演奏						
A2-5-3	不演奏时不随便玩弄乐器						
A2-5-4	按要求取放乐器						
A2-5-5	体验操作乐器、管理乐器的快乐						
中班(4~5岁)							
A2-5-6	能用拍手、踏脚等身体动作或可敲击的物品敲打节拍和基本节奏						
A2-5-7	掌握一些打击乐器的基本演奏方法						
A2-5-7-1	会用铃鼓进行击奏						
A2-5-7-2	会用小钹进行演奏						
A2-5-7-3	会用圆弧响板进行演奏						
A2-5-7-4	会用吊钹进行演奏						
A2-5-7-5	会用沙球进行演奏						
A2-5-8	能够使用2~3种节奏型乐器,随着熟悉的歌曲或乐曲演奏						
A2-5-9	初步能在集体的合奏中,始终保持自己的演奏速度和节奏						
A2-5-10	能看指挥开始、结束和变化演奏,并能对指挥的要求作出积极反应						
A2-5-11	能参与集体讨论演奏方案的活动						
A2-5-12	会发放、收取乐器,养成爱护乐器的习惯						
大班(5~6岁)							
A2-5-13	了解乐器名称并能辨别其音色特征						
A2-5-14	能独立使用3~4种节奏型乐器,随熟悉的歌曲或乐曲演奏						
A2-5-15	会使用更多种类的打击乐器的基本演奏方法						
A2-5-15-1	会用双响筒进行演奏						
A2-5-15-2	会用三角铁进行演奏						

续表

A2-5-16	喜欢跟随音乐演奏,乐意参与展示自己设计的演奏方案活动						
A2-5-17	能在集体合奏中保持自己的声部						
A2-5-18	在成人的指导下学习制作简单的打击乐器						
A2-5-19	能按照他人即兴指挥的手势迅速、准确、积极地作出演奏反应						
A2-5-20	能发放、收取及分类存放乐器,养成对集体和乐器负责的积极态度						

下篇

学前儿童教育发展评量计分表

项目代号	项　目	分　数							备　注
		第一次 / /	第二次 / /	第三次 / /	第四次 / /	第五次 / /	第六次 / /	第七次 / /	
H	健康								
H1	日常健康行为								
H2	饮食营养								
H3	身体生长								
H4	安全生活								
H5	心理健康								
H6	体育锻炼								
L	语言								
L1	倾听行为								
L2	表述行为								
L3	文学欣赏								
L4	早期阅读及读写萌发								
S	社会								
S1	自我意识								
S2	人际交往								
S3	社会文化								
S4	社会环境								
S5	行为规范								
SC	科学								
SC1-1	知识								
SC1-2	方法技能								
SC1-3	情感								
SC2-1	感知集合								
SC2-2	10以内数的概念								
SC2-3	10以内数的加减运算								
SC2-4	量的比较及自然测量								
SC2-5	认识几何形体								
SC2-6	空间								
SC2-7	时间								
SC2-8	情感态度和方法技能								
A	艺术								
A1-1	美术欣赏								
A1-2	绘画活动								
A1-3	手工								
A2-1	歌唱活动								
A2-2	韵律活动								
A2-3	音乐欣赏活动								
A2-4	音乐游戏活动								
A2-5	乐器演奏活动								

综合发展曲线图表使用说明

综合发展曲线图表是用来帮助老师利用评量手册上儿童的测试情况,记录儿童的发展水平。综合发展曲线图表作为一种记录工具,可以达到以下目标:

1. 利用曲线图清楚地显示儿童在不同阶段的学习进展情况;
2. 评估儿童学习的结果,提供直观的资料;
3. 帮助教师了解掌握儿童在各领域的优弱势,制订"个别化教育计划"时决定五大领域发展范围的学习比重;
4. 帮助家长了解儿童的真正压力,从而帮助他们对儿童的发展建立比较实际的期望。

综合发展曲线图表的绘制步骤

在综合发展曲线图表上,最右边和最左边的两条直线是"年龄轴线",用岁数来表示。在这两条年龄轴线之间的五条直线,每一条线均是用来代表评量手册的其中一个发展领域。线上的每一个刻度代表一个目标,刻度旁的编号则等同于评量手册上的目标代号。老师可以依照以下步骤把儿童的能力用"综合发展曲线图表"显示出来。

1. 在图表的两条年龄轴线上找出和实际年龄相同的刻度,并用铅笔在这一刻度上划一道横线,即为"实际年龄线"。
2. 利用评量手册记录的资料,计算儿童在每一个发展领域的分数,计算方法是领域总得分除以4。
3. 将领域发展分数以"×"标在代表各发展领域的直线上,交叉点是该直线上与领域总得分数目相同的刻度上。

　　(1)比较"×"在每一个发展领域直线上的刻度和图表年龄线上的刻度,老师可估计儿童在每一个发展领域的能力大约相当于多大儿童的能力表现。

　　(2)比较"×"在代表五个发展领域的直线上的高度,可以表示出儿童在这五个发展领域不同的能力水平。

　　(3)比较"×"在实际年龄线的距离,可以显示儿童在五个发展领域的能力水平和他实际年龄能力的差距。

4. 将五条领域垂直线上的"×"用斜线(直线)连成曲线。
5. 在曲线的最右端,写出儿童接受评量时的实际年龄,并用括号标出。

本表在儿童入园时以及每学期评估时绘制一次,每次绘制时应使用不同的颜色。

综合发展曲线图表

绘制日期:(1)____ (2)____ (3)____ (4)____ (5)____ (6)____ (7)____
绘制颜色:(1)____ (2)____ (3)____ (4)____ (5)____ (6)____ (7)____
绘 制 人:(1)____ (2)____ (3)____ (4)____ (5)____ (6)____ (7)____

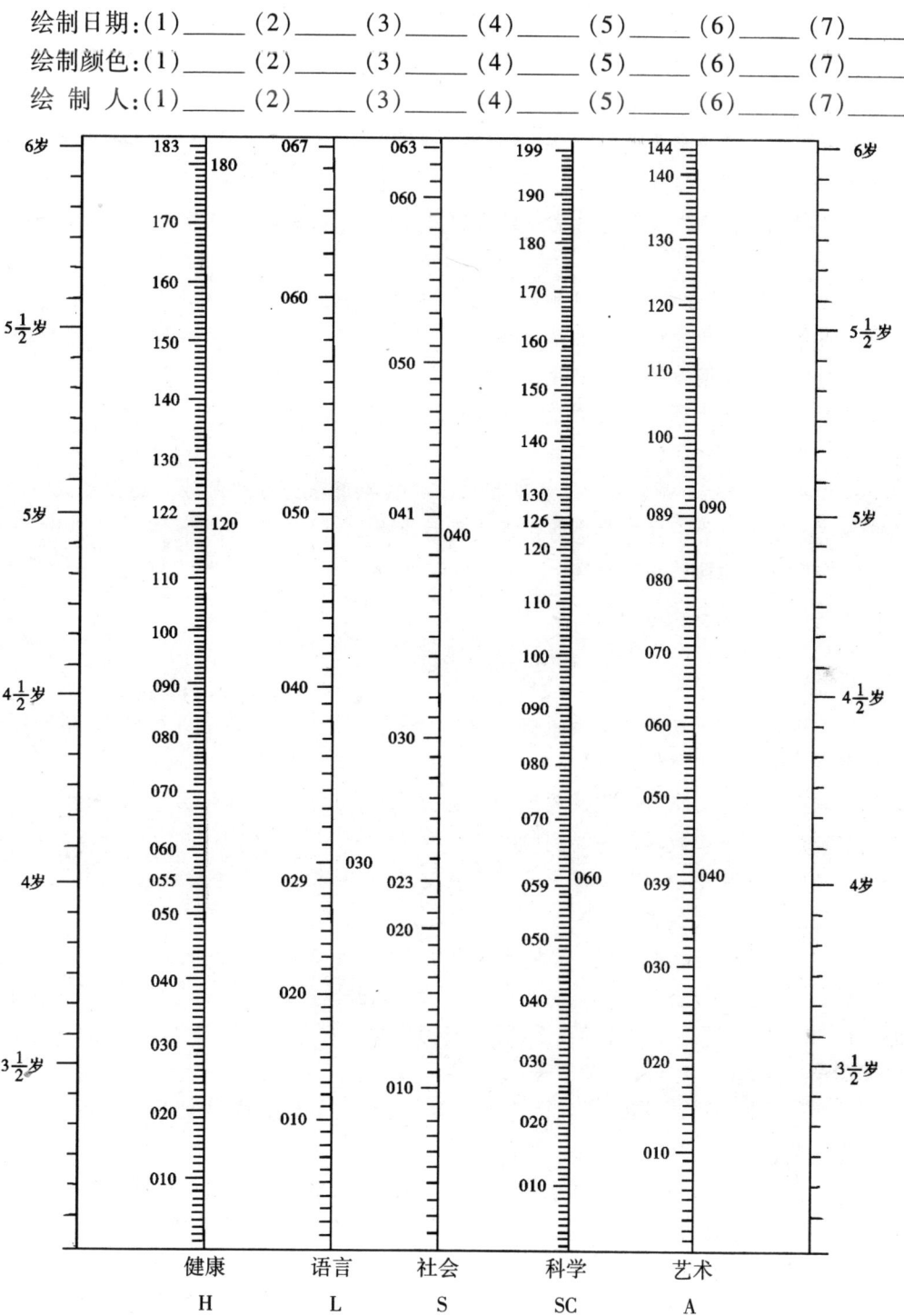

发展分类曲线图表使用说明

发展分类曲线图表用来帮助老师分析儿童在五个发展领域内有关能力的强弱表现。本书共有五个发展分类曲线图表,每个发展曲线图表代表一个发展领域,具有以下用途:

1. 分析儿童各发展领域内的各项学习目标中能力的强弱表现;
2. 决定儿童在各发展领域的优先学习顺序,以及各发展领域中各个学习目标的先后次序;
3. 在制订"个别化教育计划"前,确定儿童的个别化教育目标;
4. 根据半年一次的评量结果,修订学习目标及方向。

发展分类曲线图表的绘制步骤

在发展分类曲线图表上最右边和最左边的两条直线,是"年龄轴线",用岁数来表示,在这两条年龄轴线之间的每一条垂直线均代表该发展领域内的各项学习目标,线上的每一刻度代表一个目标,刻度旁的编号则相当于评量手册上的目标代号。老师可以依照以下步骤把儿童的能力用发展分类曲线图表显示出来。

1. 在图表上的两条年龄轴线上,找出和实际年龄相同的刻度,用红笔在这一刻度上划一道横线,即为"实际年龄线";
2. 对照评量手册中一个发展领域的评量结果,在图表的实际年龄线以下,用"●"标出儿童很差和几乎做不到(得 0 分)的目标;
3. 对照评量手册中一个发展领域的评量结果,在图表的实际年龄线以下,用"+"标出儿童有待加强或偶尔做得到(得 1 分)的目标;
4. 对照评量手册中一个发展领域的评量结果,在图表的实际年龄线以下,用"○"标出儿童表现平平或少数时间做得到(得 2 分)的目标;
5. 对照评量手册中一个发展领域的评量结果,在图表的实际年龄线以下,用"△"标出儿童较好或大多时间做得到(得 3 分)的目标;
6. 重复步骤 2~5,直至五个发展领域的发展分类曲线图表均完成为止;
7. 在一个发展分类曲线图表内,找出用"●"画出的儿童不能完成的目标编号中最小的目标,并在左右两边的年龄轴线上,找出与那个最小编号的同一高度的位置上的两点,用笔连接三点,画一条横线横跨图表;
8. 从步骤 7 画得的横线上,在两边年龄轴线上向上数 6 个月,并在这一点的高度上用铅笔画一条横线;
9. 计算图表上每条垂线在两条横线之间有多少个"●",并选出有最多"●"的那条垂直线,如果有两条垂直线上有相同数量的"●",则选取编号中有最小编号的那一条直线;
10. 比较各垂直线在两条横线之间"●"标出的编号,选出有最小编号的那一条直线;
11. 从步骤 9 和 10 选取的两条垂直线上所代表的学习目标,便是儿童未来 6 个月内在该发展领域的学习目标；

12. 重复步骤 7~11，直至完成五个发展领域的发展分类曲线图表。

本表在儿童入园时以及每学期评估时绘制一次，每次绘制均应用一套新的发展分类曲线图表。

第一次评量

领域一 健康(H)

绘制日期:_____ 绘制人:_____

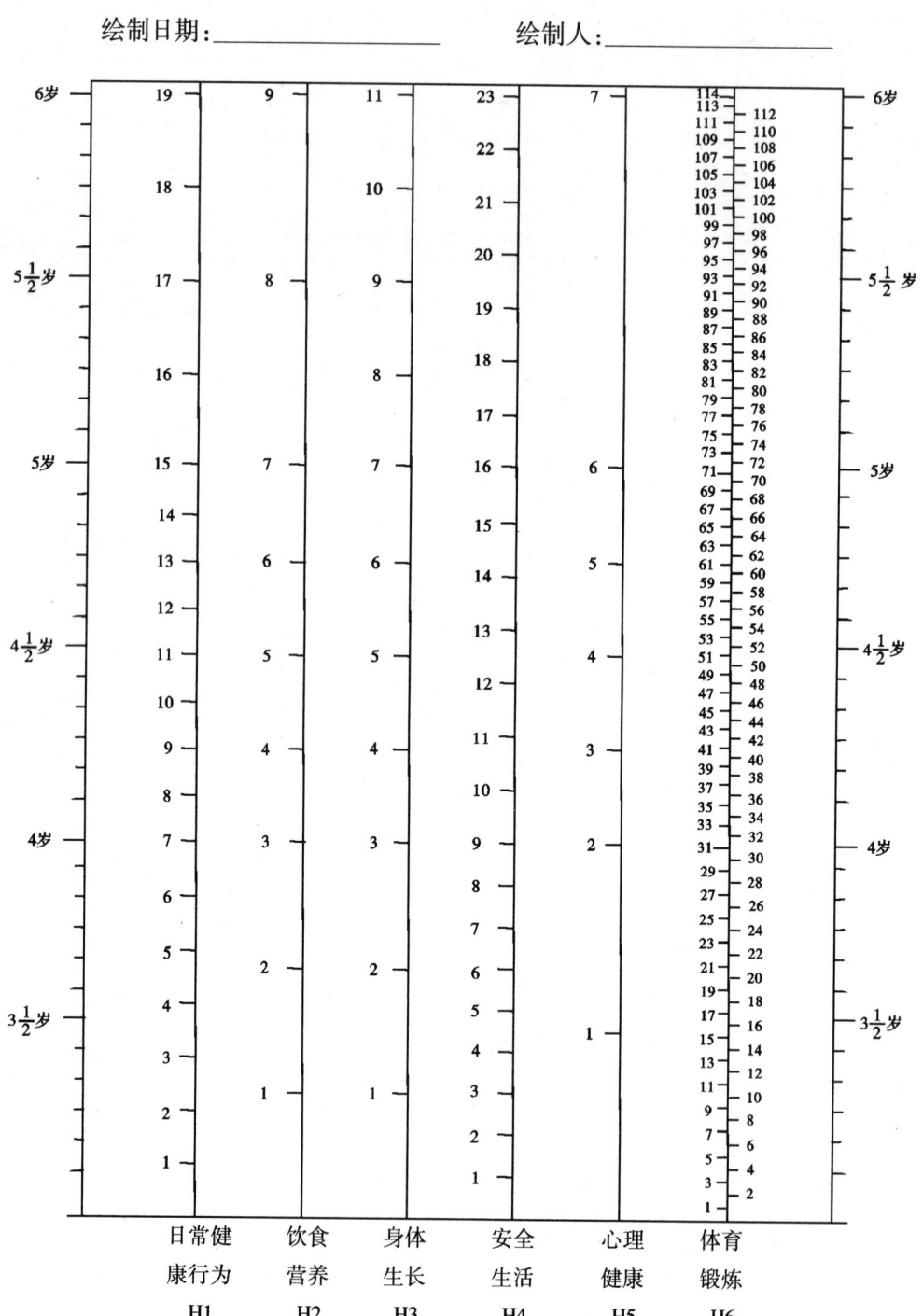

领域二　语言(L)

绘制日期：_____　　　　绘制人：_____

倾听行为 L1	表述行为 L2	文学欣赏 L3	早期阅读及读写萌发 L4

领域三 社会（S）

绘制日期：_____ 绘制人：_____

年龄	自我意识 S1	人际交往 S2	社会文化 S3	社会环境 S4	行为规范 S5
6岁	12	20	10	8	13
5½岁	11	17	7	7	10
5岁	10	14	6	6	7
4½岁	8	11	3	5	5
4岁	5	8	2	4	4
3½岁	3	4	1	2	2

领域四 科学(SC)

绘制日期：_____　　绘制人：_____

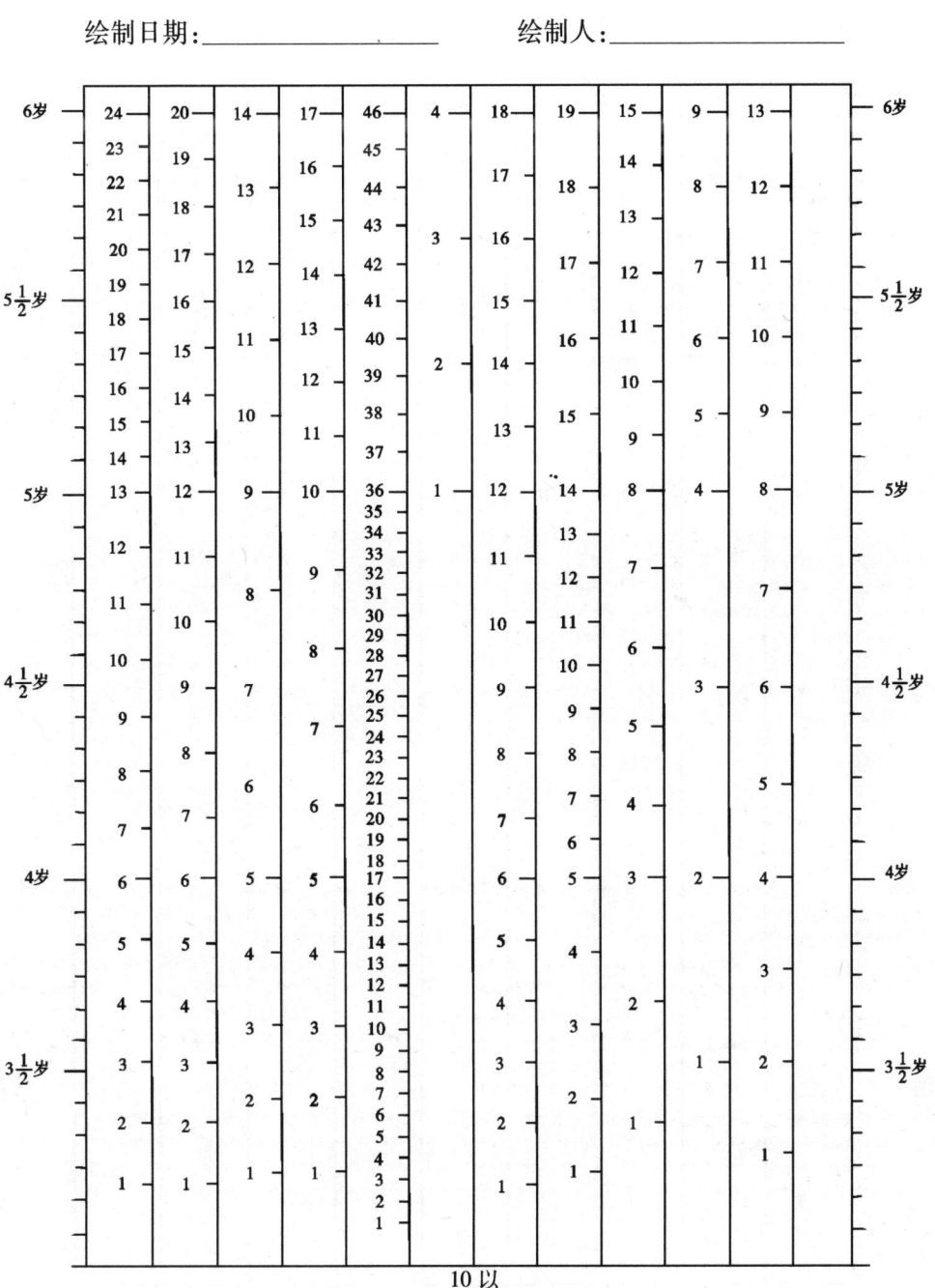

领域五　艺术(A)

绘制日期：＿＿＿＿＿＿＿＿＿＿　　绘制人：＿＿＿＿＿＿＿＿＿＿

年龄	美术欣赏	绘画活动	手工	歌唱活动	韵律活动	音乐欣赏活动	音乐游戏活动	乐器演奏活动	年龄
6岁	20	22	26	18	15	11	11	20	6岁
	19	21	25	17	14	10	10	19	
	18		24	16				18	
	17	20	23	15	13			17	
5½岁	16		22		12	9	9	16	5½岁
	15	19	21	14			8	15	
	14		20	13	11	8	7	14	
	13	18	19	12	10			13	
	12		18	11					
5岁	11	17	17	10	9	7	6	12	5岁
	10	16	16	9	8	6		11	
	9	15	15	8	7		5	10	
			14			5		9	
4½岁	8	14	13	7	6		4	8	4½岁
	7	13	12	6	5	4	3	7	
	6	12	11	5	4				
		11	10					6	
4岁	5	10	9	4	3	2	2	5	4岁
	4	9	8					4	
		8	7	3	2				
	3	7	6					3	
3½岁		6	5	2		1	1		3½岁
	2	5	4		1			2	
		4	3						
	1	3	2	1				1	
		2	1						
		1							
编号	A1-1	A1-2	A1-3	A2-1	A2-2	A2-3	A2-4	A2-5	

附：评量结果综合分析报告书（一）

填写日期：_____年_____月_____日　　填写人：_____

领　域 （依优弱序）	现状分析	原因推断 （生理、心理、教学、环境、互动）	建议策略

续表

领　域 （依优弱序）	现状分析	原因推断 （生理、心理、教学、环境、互动）	建议策略

第二次评量

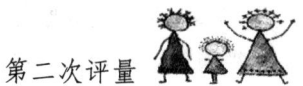

领域一 健康(H)

绘制日期:________________ 绘制人:________________

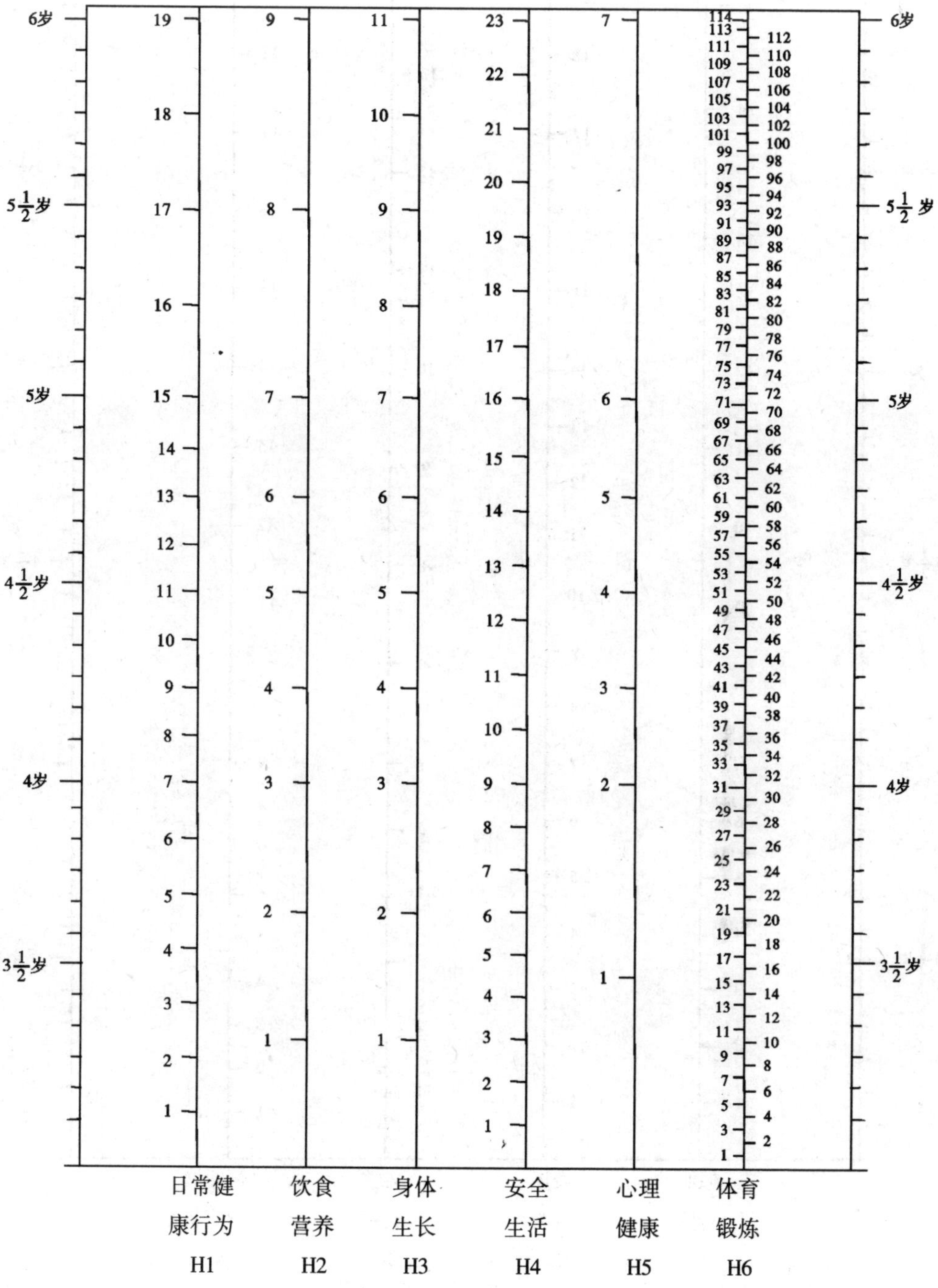
6岁
5½岁
5岁
4½岁
4岁
3½岁
日常健康行为 H1
饮食营养 H2
身体生长 H3
安全生活 H4
心理健康 H5
体育锻炼 H6

领域二　语言（L）

绘制日期：_____　　绘制人：_____

	倾听 行为 L1	表述 行为 L2	文学 欣赏 L3	早期阅读 及读写萌发 L4	
6岁	15	19	14	19	6岁
5½岁	14	18 17 16	13 12	18 17 16	5½岁
	13	15	11	15	
5岁	12	14 13	10 9	14 13	5岁
	11	12		12	
4½岁	10 9	11 10	8 7	11 10	4½岁
	8	9 8		9	
4岁	7 6	7 6	6 5	8 7 6	4岁
	5	5	4	5	
3½岁	4 3 2 1	4 3 2 1	3 2 1	4 3 2 1	3½岁

领域三 社会（S）

绘制日期：_____　　　　绘制人：_____

自我意识 S1	人际交往 S2	社会文化 S3	社会环境 S4	行为规范 S5

领域四 科学(SC)

绘制日期：_____　　　　绘制人：_____

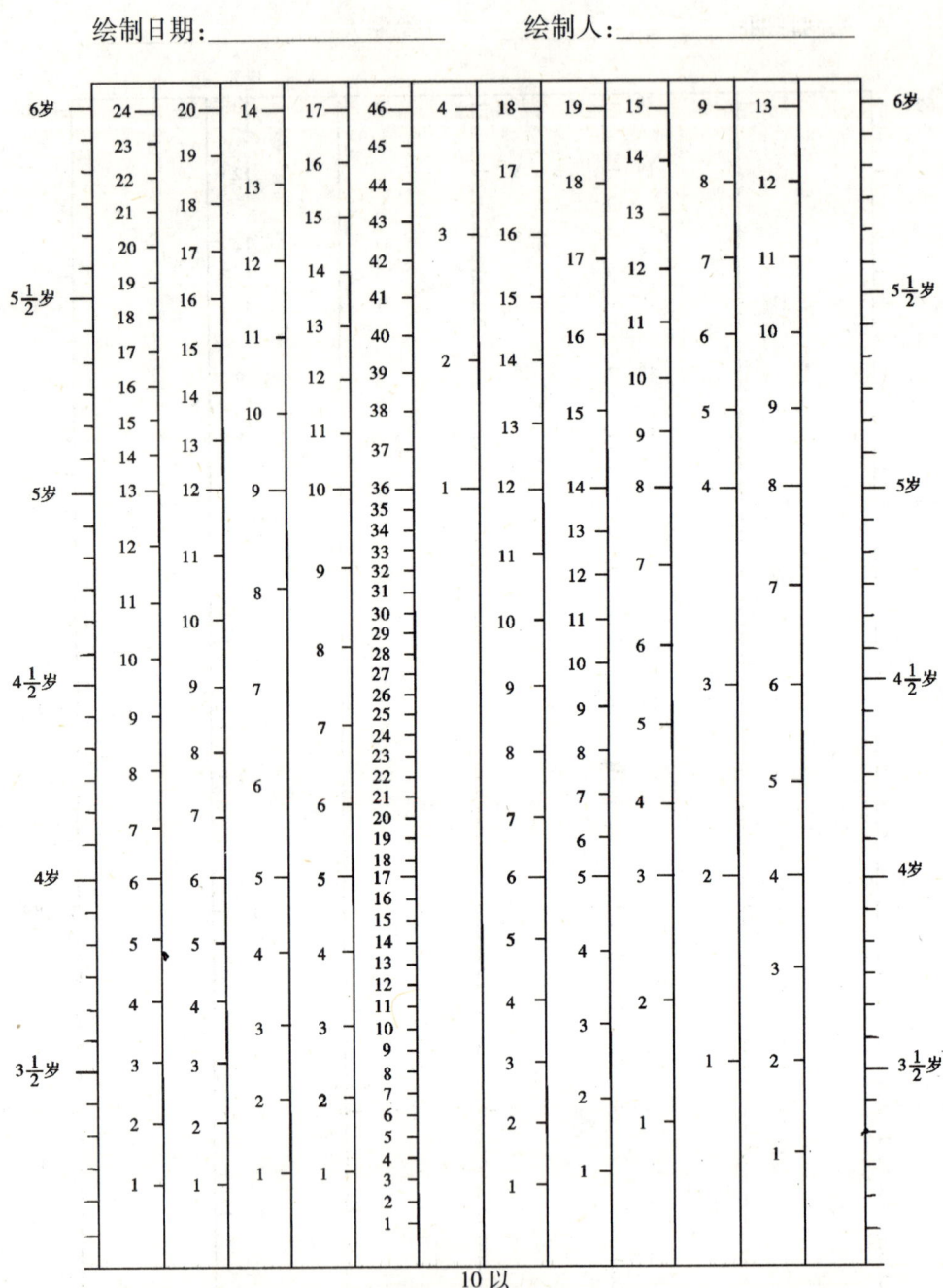

领域五　艺术（A）

绘制日期：_____　　　　绘制人：_____

美术欣赏	绘画活动	手工	歌唱活动	韵律活动	音乐欣赏活动	音乐游戏活动	乐器演奏活动
A1-1	A1-2	A1-3	A2-1	A2-2	A2-3	A2-4	A2-5

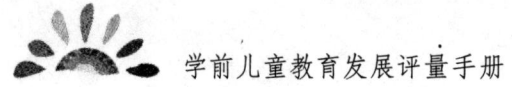

附：评量结果综合分析报告书（二）

填写日期：_____年_____月_____日　　填写人：_____

领　域 （依优弱序）	现状分析	原因推断 （生理、心理、教学、环境、互动）	建议策略

续表

领　域 （依优弱序）	现状分析	原因推断 （生理、心理、教学、环境、互动）	建议策略

第三次评量

领域一 健康（H）

绘制日期：_____ 绘制人：_____

日常健康行为 H1	饮食营养 H2	身体生长 H3	安全生活 H4	心理健康 H5	体育锻炼 H6

（6岁—3½岁刻度量表）

领域二 语言(L)

绘制日期：_____ 绘制人：_____

倾听行为 L1	表述行为 L2	文学欣赏 L3	早期阅读及读写萌发 L4

领域三　社会（S）

绘制日期：_____　　　绘制人：_____

年龄	S1 自我意识	S2 人际交往	S3 社会文化	S4 社会环境	S5 行为规范
6岁	12	20	10	8	13
5½岁	11	17	7	7	10
5岁	10	14	4	6	7
4½岁	8	11	3	5	5
4岁	5	8	2	4	4
3½岁	2	4	1	2	2

领域四 科学（SC）

绘制日期：_____ 绘制人：_____

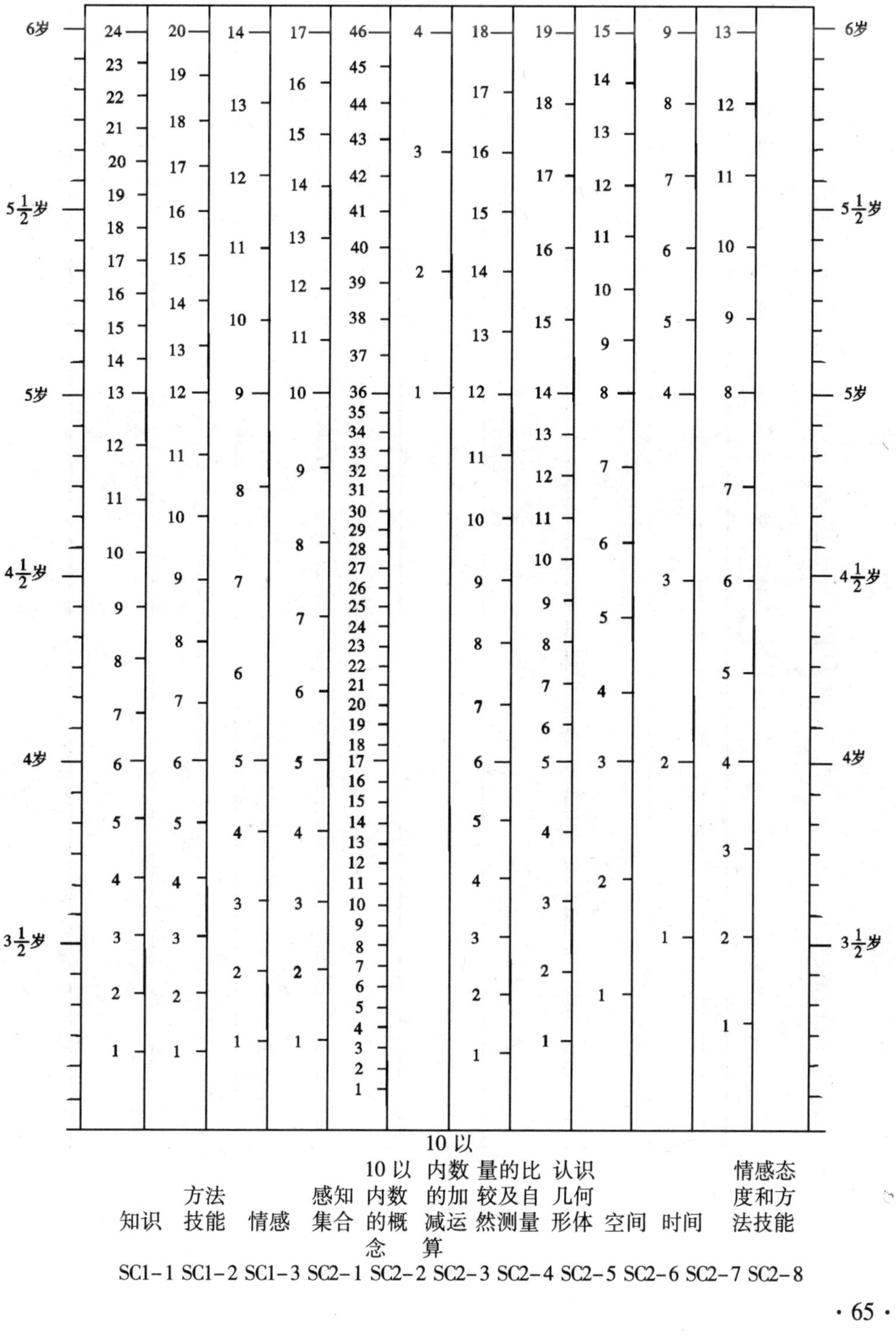

6岁	24	20	14	17	46	4	18	19	15	9	13	6岁
	23	19		16	45		17	18	14	8	12	
	22		13		44				13			
	21	18		15	43	3	16			7	11	
5½岁	20	17	12	14	42			17	12			5½岁
	19				41		15		11	6	10	
	18	16	11	13	40			16				
	17	15		12	39	2	14		10	5	9	
	16	14	10		38			15				
	15	13		11	37		13		9			
5岁	14	12	9	10	36	1	12	14	8	4	8	5岁
	13				35			13				
		11			34		11				7	
	12		8	9	33			12	7			
	11	10			32							
					31		10	11	6			
	10	9		8	30							
4½岁			7		29		9	10		3	6	4½岁
	9			7	28				5			
		8			27			9				
			6		26				4		5	
	8	7			25		8	8				
				6	24							
	7				23			7				
			5		22		7					
		6		5	21			6				
4岁	6				20		6	5	3	2	4	4岁
		5	4	4	19							
					18							
	5				17			4			3	
					16							
		4	3	3	15		5		2			
	4				14			3				
					13		4					
3½岁	3	3	2	2	12			2	1		2	3½岁
					11							
	2	2			10		3					
					9							
					8							
	1	1	1	1	7		2	1			1	
					6							
					5							
					4							
					3							
					2							
					1							
	知识	方法技能	情感	感知集合	10以内数的概念	10以内数的加减运算	量的比较及自然测量	认识几何形体	空间	时间	情感态度和方法技能	
	SC1-1	SC1-2	SC1-3	SC2-1	SC2-2	SC2-3	SC2-4	SC2-5	SC2-6	SC2-7	SC2-8	

领域五 艺术（A）

绘制日期：_____   绘制人：_____

年龄	美术欣赏 A1-1	绘画活动 A1-2	手工 A1-3	歌唱活动 A2-1	韵律活动 A2-2	音乐欣赏活动 A2-3	音乐游戏活动 A2-4	乐器演奏活动 A2-5
6岁	20	22	26	18	15	11	11	20
	19	21	25	17	14	10	10	19
	18		24	16				18
	17	20	23	15	13	9	9	17
5½岁	16	19	22	14	12	8	8	16
	15		21	13	11		7	15
	14	18	20	12				14
	13		19	11	10	7	6	13
5岁	12	17	18	10	9	6	5	12
	11	16	17	9	8			11
	10	15	16	8	7	5	4	10
	9	14	15	7	6		3	9
4½岁	8	13	14	6	5	4		8
	7	12	13	5	4	3		7
	6	11	12	4				6
	5	10	11	3	3	2	2	5
4岁	4	9	10					4
		8	9					
	3	7	8	3	2			3
3½岁	2	6	7	2		1	1	2
		5	6		1			
	1	4	5					1
		3	4	1				
		2	3					
		1	2					
			1					

附:评量结果综合分析报告书(三)

填写日期:_____年_____月_____日 **填写人:**_____

领　域 (依优弱序)	现状分析	原因推断 (生理、心理、教学、环境、互动)	建议策略

续表

领　域 （依优弱序）	现状分析	原因推断 （生理、心理、教学、环境、互动）	建议策略

第四次评量

领域一　健康（H）

绘制日期：________________　　绘制人：________________

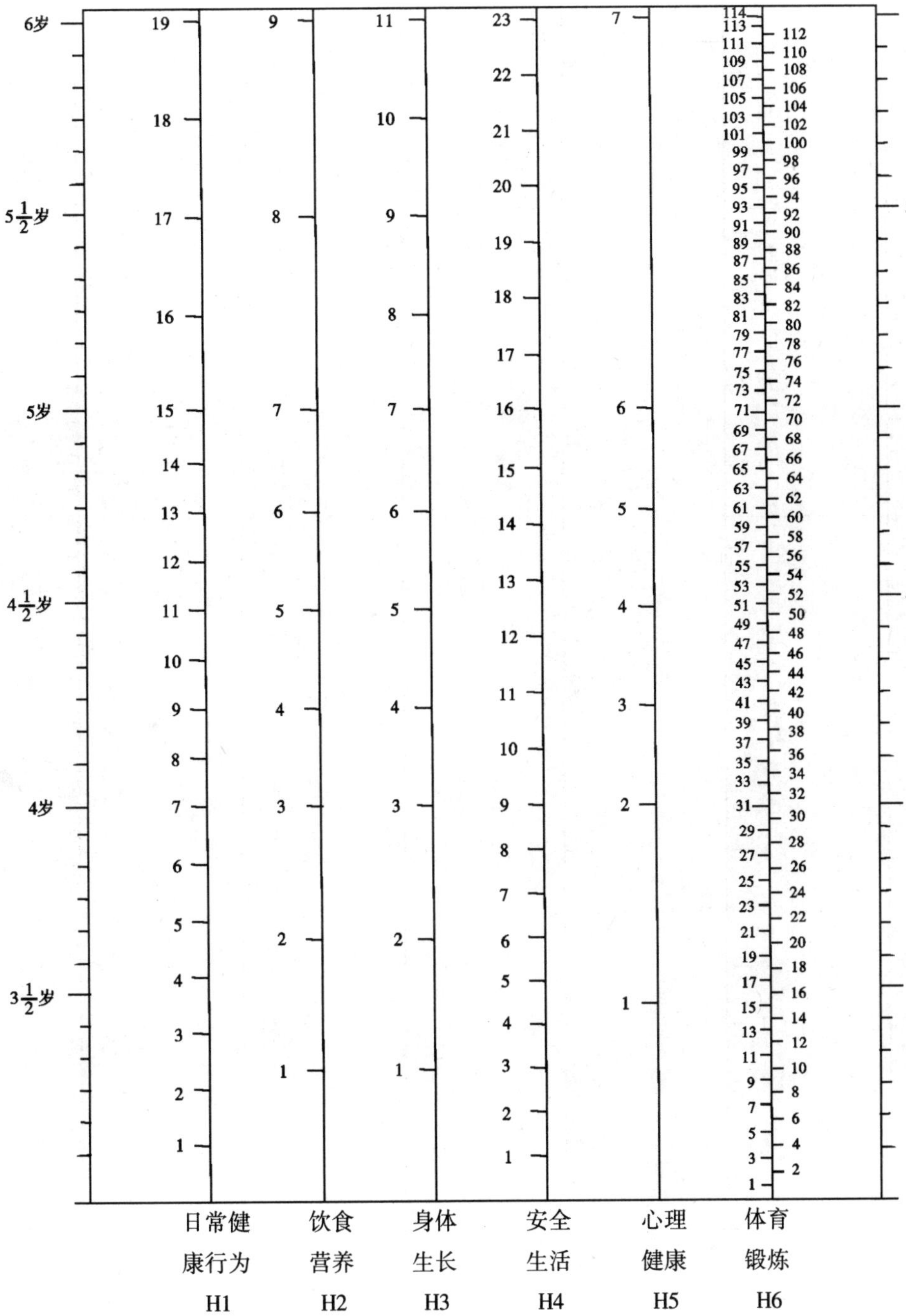
6岁
$5\frac{1}{2}$岁
5岁
$4\frac{1}{2}$岁
4岁
$3\frac{1}{2}$岁
日常健康行为 H1
饮食营养 H2
身体生长 H3
安全生活 H4
心理健康 H5
体育锻炼 H6

领域二 语言(L)

绘制日期：_____ 绘制人：_____

年龄	倾听行为 L1	表述行为 L2	文学欣赏 L3	早期阅读及读写萌发 L4	年龄
6岁	15	19	14	19	6岁
	14	18	13	18	
5½岁		17	12	17	5½岁
	13	16		16	
		15	11	15	
5岁	12	14	10	14	5岁
	11	13	9	13	
	10	12		12	
4½岁	9	11	8	11	4½岁
		10	7	10	
	8	9		9	
4岁	7	8	6	8	4岁
	6	7	5	7	
	5	6	4	6	
3½岁	4	5	3	5	3½岁
	3	4		4	
	2	3	2	3	
	1	2	1	2	
		1		1	

领域三　社会（S）

绘制日期：_____　　　绘制人：_____

自我意识 S1	人际交往 S2	社会文化 S3	社会环境 S4	行为规范 S5
12 (6岁)	20	10	8	13
11 (5½岁)	17	7	7 (5½岁)	10
10 (5岁)	14	4	6 (5岁)	7
7 (4½岁)	11	3	5 (4½岁)	5
5 (4岁)	8	2	4 (4岁)	4
3 (3½岁)	4	1	2 (3½岁)	2

领域四 科学(SC)

绘制日期：_____ 绘制人：_____

年龄	SC1-1 知识	SC1-2 技能	SC1-3 情感	SC2-1 10以内数集合的概念	SC2-2 10以内数的加减运算	SC2-3 内数感知及自然测量	SC2-4 量的比较	SC2-5 认识几何形体	SC2-6 空间	SC2-7 时间	SC2-8 情感态度和方法技能
6岁	24	20	14	17	46	4	18	19	15	9	13
5½岁	19	16	12	14	41	3	15	16	11	7	11
5岁	13	12	9	10	36	1	12	13	8	4	8
4½岁	10	9	7	8	27		9	10	6	3	6
4岁	6	6	5	5	17		6	7	5	2	4
3½岁	3	3	2	3	9		3	3	2	1	2

领域五 艺术（A）

绘制日期：_____   绘制人：_____

年龄	美术欣赏 A1-1	绘画活动 A1-2	手工 A1-3	歌唱活动 A2-1	韵律活动 A2-2	音乐欣赏活动 A2-3	音乐游戏活动 A2-4	乐器演奏活动 A2-5	年龄
6岁	20	22	26	18	15	11	11	20	6岁
	19	21	25	17	14	10	10	19	
	18		24	16				18	
	17	20	23	15	13			17	
5½岁	16	19	22	14	12	9	9	16	5½岁
	15		21	13		8	8	15	
	14	18	20	12	11		7	14	
	13		19	11	10	8		13	
	12	17	18			7		12	
5岁	11	16	17	10	9		6	11	5岁
	10	15	16	9	8	6	5	10	
	9	14	15		7	5		9	
4½岁	8	13	14	7	6		4	8	4½岁
	7	12	13	6			3	7	
	6	11	12	5	4			6	
4岁	5	10	11	4	3	2	2	5	4岁
	4	9	10	3	2			4	
	3	8	9					3	
	2	7	8					2	
3½岁	1	6	7	2	1	1	1	1	3½岁
		5	6	1					
		4	5						
		3	4						
		2	3						
		1	2						
			1						

附：评量结果综合分析报告书（四）

填写日期：_____年_____月_____日　　填写人：_____

领　域 （依优弱序）	现状分析	原因推断 （生理、心理、教学、环境、互动）	建议策略

第四次评量

续表

领　域 (依优弱序)	现状分析	原因推断 (生理、心理、教学、环境、互动)	建议策略

第五次评量

领域一 健康（H）

绘制日期：_____   绘制人：_____

年龄	日常健康行为 H1	饮食营养 H2	身体生长 H3	安全生活 H4	心理健康 H5	体育锻炼 H6
6岁	19	9	11	23	7	114
5½岁	17	8	9	20	—	93
5岁	15	7	7	16	6	71
4½岁	11	5	5	13	4	51
4岁	7	3	3	9	2	31
3½岁	—	—	—	5	1	17

领域二 语言(L)

绘制日期：_____   绘制人：_____

	倾听 行为 L1	表述 行为 L2	文学 欣赏 L3	早期阅读 及读写萌发 L4

领域三　社会（S）

绘制日期：_____　　　绘制人：_____

自我意识 S1	人际交往 S2	社会文化 S3	社会环境 S4	行为规范 S5

(6岁) S1:12 S2:20 S3:10 S4:8 S5:13
(5½岁) S1:11 S2:17 S3:7 S4:7 S5:10
(5岁) S1:10 S2:14 S3:4 S4:6 S5:7
(4½岁) S1:8 S2:11 S3:3 S4:5 S5:5
(4岁) S1:5 S2:8 S3:2 S4:4 S5:4
(3½岁) S1:2 S2:4 S3:1 S4:2 S5:2

领域四 科学(SC)

绘制日期: _____ **绘制人:** _____

年龄	SC1-1 知识	SC1-2 方法技能	SC1-3 情感	SC2-1 感知集合	SC2-2 10以内数的概念	SC2-3 10以内数的加减运算	SC2-4 量的比较及自然测量	SC2-5 认识几何形体	SC2-6 空间	SC2-7 时间	SC2-8 情感态度和方法技能
6岁	24	20	14	17	46	4	18	19	15	9	13
5½岁	19	17	12	14	42	3	16	17	12	7	11
5岁	13	12	9	10	36	1	12	14	8	4	8
4½岁	10	9	7	8	28		9	10	6	3	6
4岁	6	6	5	5	17		6	5	3	2	4
3½岁	3	3	2	2	9		3	3	1		2

领域五 艺术(A)

绘制日期:_____   绘制人:_____

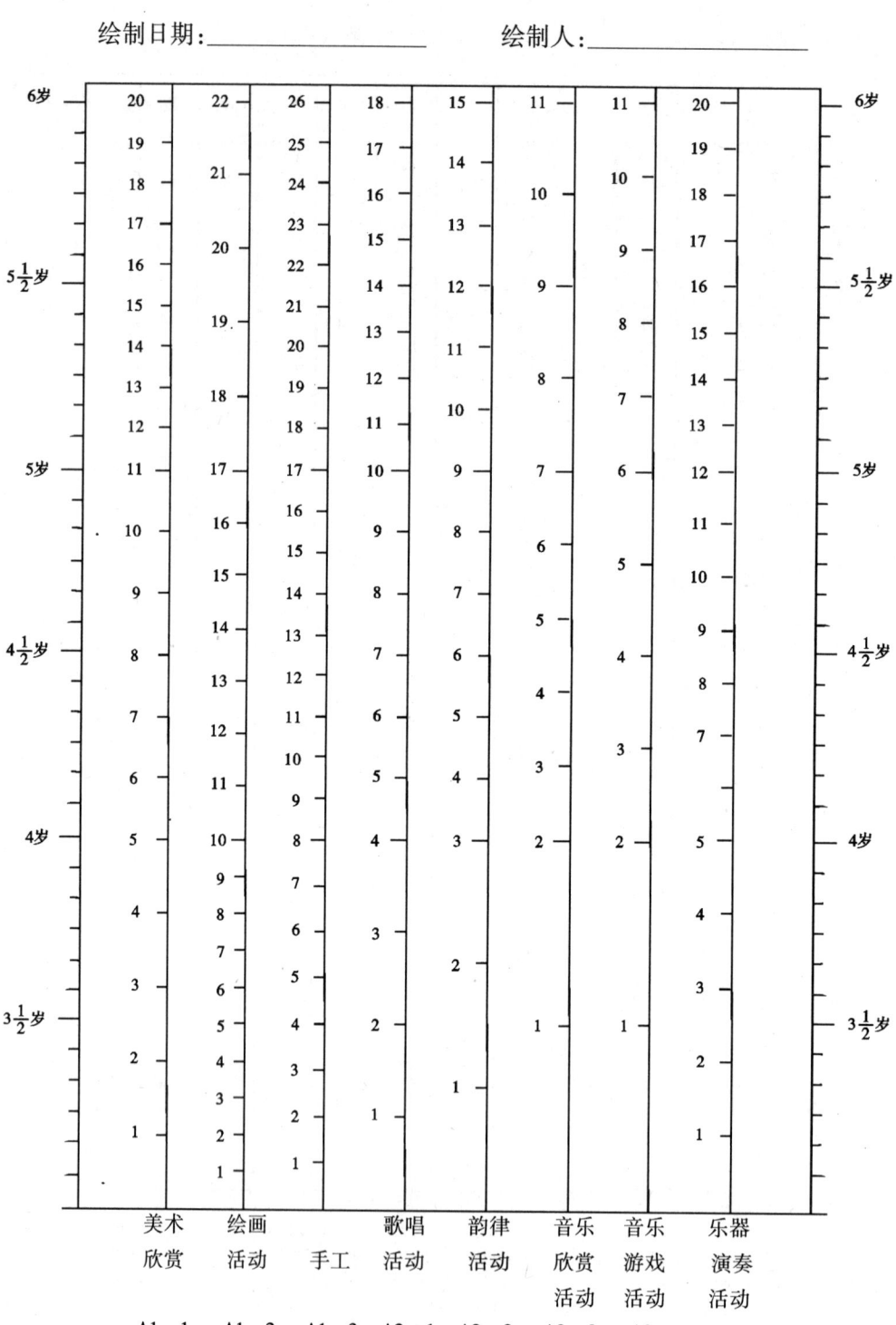

附:评量结果综合分析报告书(五)

填写日期:_____年_____月_____日　　填写人:_____

领　域 (依优弱序)	现状分析	原因推断 (生理、心理、教学、环境、互动)	建议策略

续表

领　域 （依优弱序）	现状分析	原因推断 （生理、心理、教学、环境、互动）	建议策略

第六次评量

领域一 健康(H)

绘制日期：_____   绘制人：_____

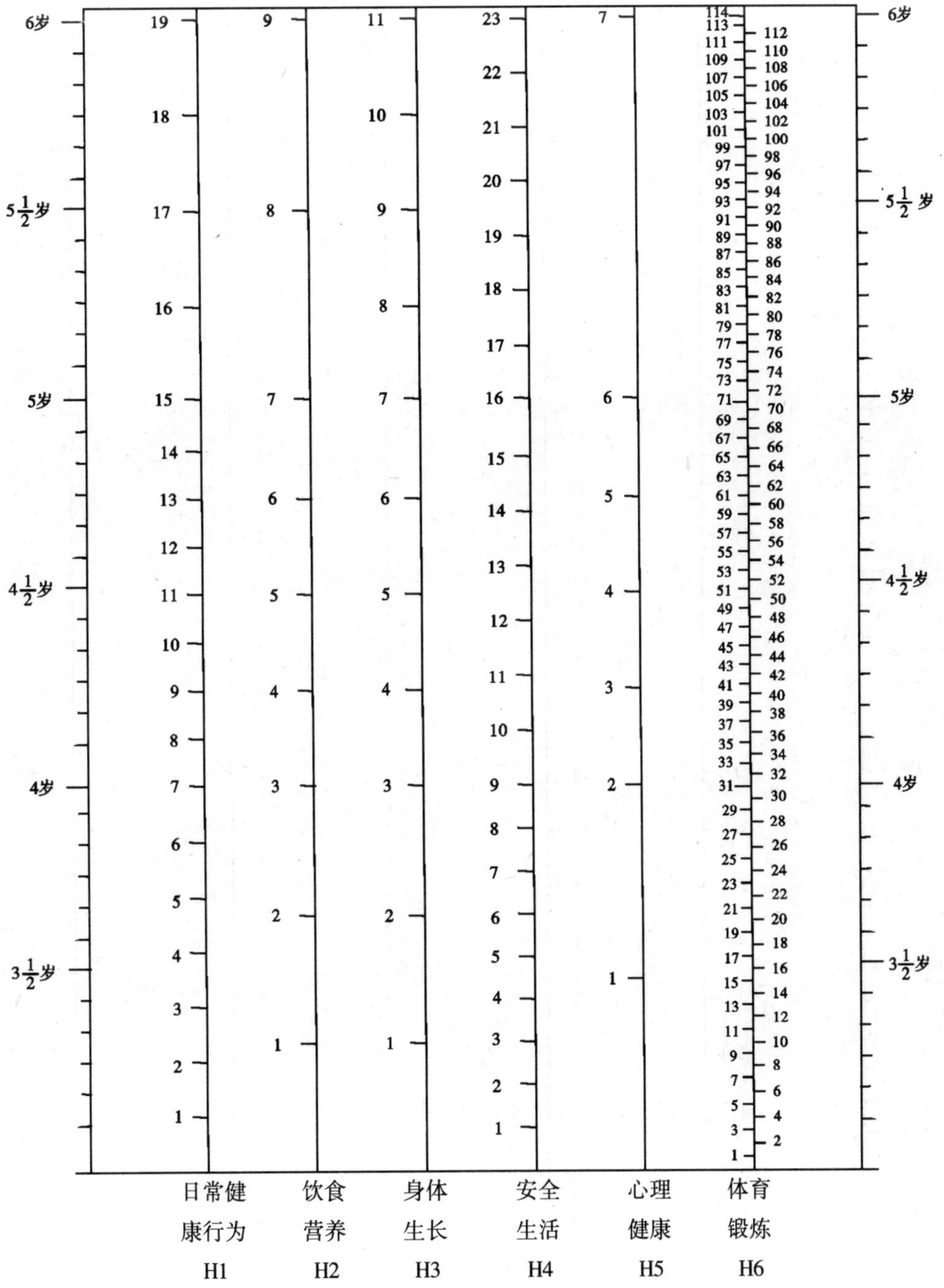

领域二 语言(L)

绘制日期：＿＿＿＿＿＿＿＿　　绘制人：＿＿＿＿＿＿＿＿

倾听行为 L1	表述行为 L2	文学欣赏 L3	早期阅读及读写萌发 L4

领域三 社会（S）

绘制日期：_____ 绘制人：_____

	自我意识 S1	人际交往 S2	社会文化 S3	社会环境 S4	行为规范 S5
6岁	12	20	10	8	13
5½岁	11	17	7	7	10
5岁	10	14	4	6	7
4½岁	7	11	3	5	5
4岁	5	8	2	4	4
3½岁	3	4	1	2	2

领域四 科学(SC)

绘制日期：_____　　　　绘制人：_____

年龄	SC1-1 知识	SC1-2 方法技能	SC1-3 情感	SC2-1 10以内数的集合	SC2-2 10以内数的加减运算	SC2-3 量的比较及自然测量	SC2-4 认识几何形体	SC2-5 空间	SC2-6 时间	SC2-7 情感态度和方法技能	SC2-8
6岁	24	20	14	17	46	4	18	19	15	9	13
	23	19	16	45		17		14	8	12	
	22	18	13	44		18	13				
	21	17	12	15	43	3	16	17	12	7	11
5½岁	20	16	14	42		15		11		10	
	19	15	11	13	41			16		6	
	18	14		40	2	14				9	
	17		10	12	39		13	15		5	
	16			11	38						
	15	13			37						
	14		9								
5岁	13	12		10	36	1	12	14	8	4	8
	12	11			35		11	13			7
			8	9	34			12	7		
	11	10			33						
					32						
				8	31		10	11			
	10	9	7		30				6	3	6
4½岁					29		9	10			
	9	8		7	28				5		5
	8		6		27		8	9			
					26				4		
	7	7		6	25		7	8			
					24						
					23						
					22			7			
					21						
					20						
					19						
4岁	6	6	5	5	18		6	5	3	2	4
					17						
					16						3
	5	5	4	4	15		5	4			
					14						
					13						
	4	4	3	3	12		4	3	2		
3½岁	3	3			11					1	2
					10						
			2	2	9		3	2	1		
					8						
	2	2			7						
					6						
					5		2				
	1	1	1	1	4		1	1			
					3						
					2						
					1						

SC1-1 SC1-2 SC1-3 SC2-1 SC2-2 SC2-3 SC2-4 SC2-5 SC2-6 SC2-7 SC2-8

领域五 艺术(A)

绘制日期：_____　　　绘制人：_____

年龄	美术欣赏 A1-1	绘画活动 A1-2	手工 A1-3	歌唱活动 A2-1	韵律活动 A2-2	音乐欣赏活动 A2-3	音乐游戏活动 A2-4	乐器演奏活动 A2-5
6岁	20	22	26	18	15	11	11	20
5½岁	17	20	22	14	12	9	8	16
5岁	11	17	17	10	9	7	6	12
4½岁	8	14	13	7	6	5	4	9
4岁	5	10	8	4	3	2	2	5
3½岁	1	1	1	1	1	1	1	1

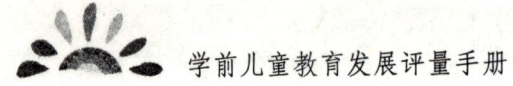

附：评量结果综合分析报告书（六）

填写日期：_____年____月____日   填写人：_____

领　域 （依优弱序）	现状分析	原因推断 （生理、心理、教学、环境、互动）	建议策略

续表

领　域 （依优弱序）	现状分析	原因推断 （生理、心理、教学、环境、互动）	建议策略

第七次评量

领域一 健康(H)

绘制日期：＿＿＿＿＿＿＿＿　　绘制人：＿＿＿＿＿＿＿＿

日常健康行为 H1	饮食营养 H2	身体生长 H3	安全生活 H4	心理健康 H5	体育锻炼 H6

领域二 语言(L)

绘制日期：_____　　　　绘制人：_____

倾听行为 L1	表述行为 L2	文学欣赏 L3	早期阅读及读写萌发 L4

领域三　社会（S）

绘制日期：_____　　绘制人：_____

自我意识 S1	人际交往 S2	社会文化 S3	社会环境 S4	行为规范 S5

(图表：纵轴为年龄3½岁至6岁的发展评量坐标轴)

- S1 自我意识：1–12
- S2 人际交往：1–20
- S3 社会文化：1–10
- S4 社会环境：1–8
- S5 行为规范：1–13

领域四 科学(SC)

绘制日期：_____　　绘制人：_____

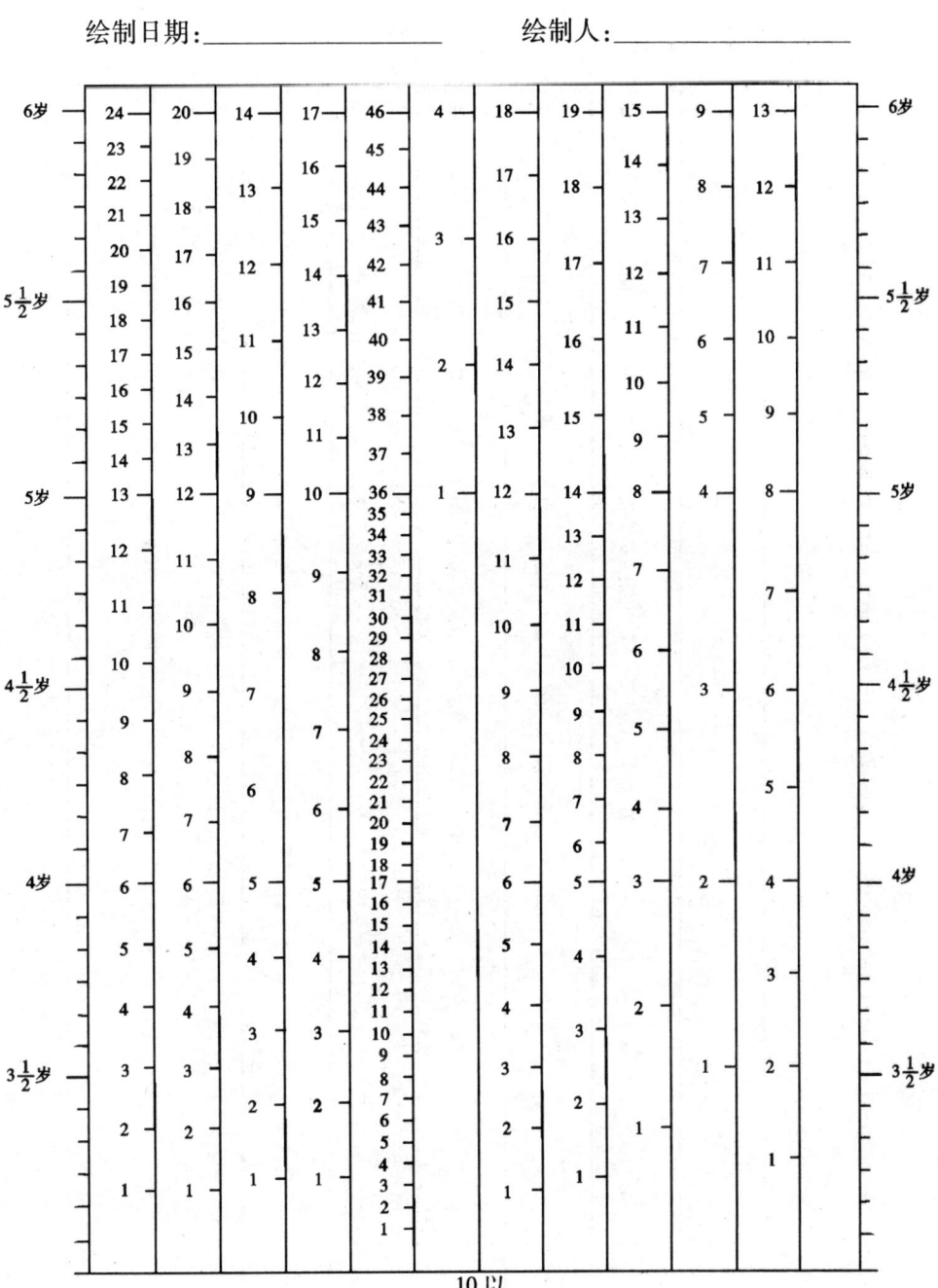

领域五　艺术（A）

绘制日期：＿＿＿＿＿＿＿＿　　　　绘制人：＿＿＿＿＿＿＿＿

年龄	美术欣赏 A1-1	绘画活动 A1-2	手工 A1-3	歌唱活动 A2-1	韵律活动 A2-2	音乐欣赏活动 A2-3	音乐游戏活动 A2-4	乐器演奏活动 A2-5	年龄
6岁	20	22	26	18	15	11	11	20	6岁
	19		25	17	14			19	
	18	21	24	16	13	10	10	18	
	17		23	15			9	17	
5½岁	16	20	22	14	12	9	8	16	5½岁
	15	19	21	13	11	8		15	
	14		20	12			7	14	
	13	18	19		10			13	
	12		18	11					
5岁	11	17	17	10	9	7	6	12	5岁
	10	16	16	9	8	6	5	11	
	9	15	15	8	7	5		10	
		14	14					9	
4½岁	8	13	13	7	6		4	8	4½岁
	7	12	12	6	5	4	3	7	
	6	11	10	5	4	3		6	
			9						
4岁	5	10	8	4	3	2	2	5	4岁
	4	9	7					4	
		8	6	3	2				
	3	7	5	2		1	1	3	
3½岁		6	4		1				3½岁
	2	5	3	1				2	
		4	2						
	1	3						1	
		2	1						
		1							

附：评量结果综合分析报告书（七）

填写日期：_____年____月____日   填写人：_____

领　域 （依优弱序）	现状分析	原因推断 （生理、心理、教学、环境、互动）	建议策略

续表

领　域 （依优弱序）	现状分析	原因推断 （生理、心理、教学、环境、互动）	建议策略

附录

幼儿园一日生活常规评量表(CL)

代 号	评量项目	评量等级						
		第一次	第二次	第三次	第四次	第五次	第六次	第七次
早入园 CL1								
小班(3~4岁)								
CL1-1	经鼓励能接受保健医生的晨检							
CL1-2	经提醒能与周围的人问好、道别							
中班(4~5岁)								
CL1-3	情绪愉快,愿意上幼儿园							
CL1-4	主动使用礼貌用语,问"早上好"							
CL1-5	配合保健医生晨检,身体不适知道告诉老师							
CL1-6	入园时不携带零食等物品							
大班(5~6岁)								
CL1-7	衣着整洁,愉快入园							
CL1-8	主动接受晨检,主动有礼貌地用适量的声音向老师问好							
集中活动 CL2								
小班(3~4岁)								
CL2-1	听信号进活动室							
CL2-2	在老师的提示下,搬动椅子进行围靠,用正确的姿势拿放椅子							
CL2-3	集中活动10~15分钟							
CL2-4	在老师的提醒、引导下,大胆地参加活动,回答问题时声音响亮							
CL2-5	在老师的指导下操作学具材料,爱惜物品							
CL2-6	学具材料操作完,在老师的提示下放回指定地方							
CL2-7	在老师的提醒下用正确的姿势看书、画画							

续表

		中班(4~5岁)						
CL2 - 8	活动中能注意听老师、同伴讲话,养成良好的倾听习惯							
CL2 - 9	发言先举手,大胆地在集体面前回答问题							
CL2 - 10	集中活动15~25分钟							
CL2 - 11	活动中喜欢动脑,大胆操作							
CL2 - 12	用眼、握笔、坐立、举手发言的姿势正确							
		大班(5~6岁)						
CL2 - 13	对活动要求敏感,努力按要求去做							
CL2 - 14	集中活动25~30分钟							
CL2 - 15	举手发言,认真倾听同伴发言,不插嘴,不做小动作							
CL2 - 16	基本形成正确握笔、书写、看书的良好习惯							
CL2 - 17	在学习过程中,逐渐能自我控制							
户外体育活动及早操 CL3								
		小班(3~4岁)						
CL3 - 1	活动前在老师的帮助下整理好自己的服装							
CL3 - 2	在老师的带领下,听音乐有精神地做操							
CL3 - 3	在老师的指导下正确使用活动器械,不争抢,能安全地玩							
CL3 - 4	活动后在老师的提醒帮助下,将玩具收放整齐							
CL3 - 5	活动后在老师的提醒帮助下,擦汗、休息后补充水分							
		中班(4~5岁)						
CL3 - 6	在老师的指导下正确使用各种器械,遵守规则							
CL3 - 7	有精神地跟老师进行早操活动,听口令站队							
CL3 - 8	会做徒手操、轻器械操							
CL3 - 9	器械使用后及时收拾整理							
		大班(5~6岁)						
CL3 - 10	积极参加老师组织的户外活动							
CL3 - 11	做操时,动作到位正确有节奏,会调节步频和距离							
CL3 - 12	会根据气温、活动量及时增减衣服							

续表

CL3-13	遵守规则,活动后主动收拾整理器械,放回原处						
游戏与区域活动 CL4							
	小班(3~4岁)						
CL4-1	在老师鼓励下参与游戏和区域活动						
CL4-2	与同伴友好地游戏,不独占材料,共同分享						
CL4-3	在老师提醒下,在活动中尽可能用普通话交谈						
CL4-4	注意不发出噪音,不影响同伴						
CL4-5	活动结束后,在老师的提醒帮助下摆放好椅子						
CL4-6	活动结束后,在老师的提醒帮助下将玩具材料收放整齐						
	中班(4~5岁)						
CL4-7	积极参加各项游戏活动						
CL4-8	能凭卡入区域						
CL4-9	会使用玩具和收放玩具						
CL4-10	遵守游戏规则,不喊叫,不乱跑						
CL4-11	能与同伴合作,主动交往,爱护玩具						
CL4-12	在老师的引导下,自己选择游戏材料、内容、同伴、角色、场地等						
	大班(5~6岁)						
CL4-13	懂得不越区域活动						
CL4-14	能在各区域内安静活动,互不干扰						
CL4-15	在游戏中,能和同伴友好相处,不争抢玩具						
CL4-16	正确使用并爱惜玩具、道具						
CL4-17	在角色游戏中会扮演角色,遵守游戏规则,丰富游戏情节						
CL4-18	较迅速地整理收拾玩具、材料和场地						
生活活动 CL5【入厕盥洗 CL5-1】							
	小班(3~4岁)						
CL5-1-1	入厕后,表示或等候揩抹						
CL5-1-2	会撕下厕纸						
CL5-1-3	在老师的提醒下有秩序地盥洗,不玩水						

续表

CL5-1-4	洗好后会关紧水龙头						
CL5-1-5	会拧毛巾						
中班(4~5岁)							
CL5-1-6	在需要时自行擦鼻子						
CL5-1-7	能按要求正确洗手,洗后保持干净,不到处乱摸						
CL5-1-8	大小便能自理,会使用厕纸						
CL5-1-9	入厕后自行冲厕						
CL5-1-10	便秘、腹泻时能及时告诉老师						
大班(5~6岁)							
CL5-1-11	能迅速正确地洗手						
CL5-1-12	辨别男女厕所的符号						
CL5-1-13	有定时大小便的习惯						
CL5-1-14	大便能自理,便后会正确洗手						

生活活动 CL5【餐点 CL5-2】

小班(3~4岁)							
CL5-2-1	在老师的指导下正确使用餐具						
CL5-2-2	较专心地进餐,不挑食						
CL5-2-3	会用牙签取食物						
CL5-2-4	在提醒下能注意保持桌面干净						
CL5-2-5	餐后在老师的指导下会擦嘴、漱口						
中班(4~5岁)							
CL5-2-6	能坐在自己的位置上进餐						
CL5-2-7	会正确地使用碗勺,独立地吃完自己的一份饭菜						
CL5-2-8	不偏食,进餐时细嚼慢咽						
CL5-2-9	不撒饭,保持桌面和衣服干净						
CL5-2-10	饭后放好碗勺						
CL5-2-11	饭后主动用餐巾擦嘴刷牙						
CL5-2-12	能用手撕开小点心包装						
大班(5~6岁)							
CL5-2-13	会正确使用餐具,会用筷子夹食物						

续表

CL5-2-14	愿意当值日生,会协助保教人员收拾餐具,清扫地面						
生活活动 CL5【午休 CL5-3】							
	小班(3~4岁)						
CL5-3-1	在老师的帮助下换好拖鞋						
CL5-3-2	在老师的帮助下脱下外衣叠好放在指定的地方						
CL5-3-3	安静进入寝室,有秩序地上床						
CL5-3-4	安静入睡,不玩棉被、草席,不影响同伴						
CL5-3-5	起床后,在老师的帮助下穿好衣服						
CL5-3-6	起床后,在老师的帮助下换好鞋子,将拖鞋放回鞋架上						
	中班(4~5岁)						
CL5-3-7	安静入寝,会正确脱衣裤,并摆放整齐						
CL5-3-8	会正确脱鞋,并摆放整齐						
CL5-3-9	能辨别衣服的前后						
CL5-3-10	自行拉上上衣拉链						
CL5-3-11	会正确地穿衣裤						
CL5-3-12	会正确地穿鞋						
	大班(5~6岁)						
CL5-3-13	独立、较迅速、有序地脱衣裤						
CL5-3-14	睡前不带小玩具上床						
CL5-3-15	睡觉时不蒙头						
CL5-3-16	起床后能独立、迅速地整理床铺						
CL5-3-17	独立、较迅速、有序地穿衣裤						
生活活动 CL5【喝水 CL5-4】							
	小班(3~4岁)						
CL5-4-1	能在老师的提醒下饮水						
CL5-4-2	用杯子接水而不洒						
	中班(4~5岁)						
CL5-4-3	会辨认标记,正确取放自己的口杯,不争抢杯子						
CL5-4-4	喝水时不玩水,不玩口杯,不喝生水						
CL5-4-5	口渴时会主动告诉老师						

续表

		大班(5~6岁)						
CL5-4-6	使用自己的口杯喝水,做到活动过后、口渴时随时饮水							
CL5-4-7	不玩水,不浪费水							
收拾和衔接时间 CL6								
		小班(3~4岁)						
CL6-1	在老师的要求下,能把玩具归位及停止游戏							
CL6-2	在老师的提示下,转入下一个活动							
CL6-3	不在教室里奔跑							
		中班(4~5岁)						
CL6-4	在老师的提示下,能把玩具归位及停止游戏							
CL6-5	在老师的提示下,较快转入下一个活动							
CL6-6	当被要求时,能适当地收拾角落							
		大班(5~6岁)						
CL6-7	转换活动时,自主把玩具归位及停止游戏							
CL6-8	主动、安静地转入下一个活动,并能专注于当前的活动							
晚离园 CL7								
		小班(3~4岁)						
CL7-1	离园时,能在活动室等待家长,不跑到门外							
CL7-2	不独自离园,不跟陌生人走							
CL7-3	能在成人提醒下带好自己的物品							
CL7-4	经提醒能与老师再见							
		中班(4~5岁)						
CL7-5	做好离园前准备,带好自己的物品							
CL7-6	跟随目前的活动,老师叫到名字后才能离开							
CL7-7	离园时主动与老师及同伴再见							
		大班(5~6岁)						
CL7-8	做好离园准备,主动收拾好物品							
CL7-9	选择喜欢的事情,等待家长,不打闹							
CL7-10	有礼貌地主动和老师道别							

续表

遵守常规及情绪表现 CL8								
CL8-1	有自己收拾归位的习惯							
CL8-2	可以静坐学习,不随便离开座位							
CL8-3	愿意遵从老师的指令和要求							
CL8-4	大部分时间能配合班级的作息							
CL8-5	维持稳定的情绪,不随意发脾气							
CL8-6	会用适当的方式表达自己的情绪							
CL8-7	知道如何保护自己和自己的东西							
CL8-8	很少干扰同伴							
CL8-9	有轮流和等待的耐性							
CL8-10	可以和老师维持良好的关系							
学习态度及能力 CL9								
CL9-1	对多数的学习和活动有兴趣,并会主动参与							
CL9-2	愿意做自己会做的事							
CL9-3	自由活动时能主动选择适当的活动/玩具							
CL9-4	能独立完成老师交代的事务以及学习活动							
CL9-5	可理解大部分的上课内容							
CL9-6	能在团体中有效地学习,通常不需要个别指导							
CL9-7	会模仿老师和同伴正在进行的活动							
安全意识 CL10								
CL10-1	集体行动或外出时不乱跑脱队							
CL10-2	活动时不离开老师的视线范围							
CL10-3	能判断危险的事物并加以避免							
CL10-4	能安全地使用班级日常用品							
沟通 CL11								
CL11-1	理解生活中常用的简单指令							
CL11-2	理解较复杂的指令							
CL11-3	会用动作/表情来表达需求和想法							
CL11-4	会主动与人沟通(口语或非口语)——询问、发表意见、请求协助、拒绝等							